U0139274

國立中央圖書館出版品預行編目資料

千曲之聲：蓉子詩作精選 / 蓉子著. -- 初版.
-- 臺北市 : 文史哲, 民84
面 ;　公分. -- (文學叢刊 ; 52)
ISBN 957-547-939-4(平裝)

851.486　　84002953

文學叢刊 ⑤②

千曲之聲

著者：蓉子
出版者：文史哲出版社
登記證字號：行政院新聞局局版臺業字五三三七號
發行人：彭正雄
發行所：文史哲出版社
印刷者：文史哲出版社
台北市羅斯福路一段七十二巷四號
郵撥〇五一二八八一二彭正雄帳戶
電話：三五一一〇二八

實價新台幣三八〇元

中華民國八十四年四月十四日初版

ISBN 957-547-939-4

序言

溯自一九五〇年，我寫〈青鳥〉和〈爲什麼向我索取形像〉開始，恁般跋涉於詩的長途，轉眼竟達四十五年之久。光陰的迅疾，人世的變遷，回首時，在在令人感觸、驚心。

「生是偶然」是我近作〈芸芸衆生〉長詩中的第一句話。詩是「生」的詮釋，是一種對生命的體認。生命就像一條河水，不停地流過時間的河道，於是在一路流過時，那冷暖自知的河水的感受，河岸兩旁不住變動的景色，還有那高處的天光雲影……這些都被吸納成爲你經驗的內容，轉化成你寫作的材料；而詩也是一種「語言的藝術」，經過征服語言的困難，獲得一有機的美好形式。這便是一位詩人存在經驗的奧秘。

記得多年前，我曾寫過一首題爲〈千曲無聲〉的小詩，共廿行，後收入民國五十八年（一九六九）出版的詩集《維納麗沙組曲》中。下面是此詩的最後兩節：

何種旋律？
千絃齊奏在華麗的大廳內
就像一位將軍在遠方的戰場上

只是我不曾知道　也不曾看見。

啊！在指揮棒尚未揚起之際
我感到的是一片沉沉的青冽
恍如無聲之千曲。

觀上詩，詩人駕馭語言，當像一位具權威的將軍指揮他率領的千軍萬馬。而原始的譬喻乃將詩人比作一位交響樂的指揮，在他熟練的指揮下，千絃齊奏，千曲將陸續發聲；但在指揮棒尙未揚起前，雖然內容豐富，內涵飽滿，但因樂曲尙未演奏，一切都在警覺的等待中，這便是「千曲無聲」的情致。

《維納麗沙組曲》出版後兩年，一九七一年四月，文學界名編也是詩人的高歌（上秦）先生，曾應《幼獅文藝》月刊之請，以『生命的二重奏』爲羅門和我寫了一篇文情並茂的專訪，文章分兩大部分：第一部以「內在世界的守塔人」評介了羅門的作品和人。第二部分則以「千曲無聲」爲題訪問我，並一次列載在《幼獅文藝》第二〇八期上。這篇成功的專訪，過了很久還爲人所稱道，甚至引用。

因此，當今年二月，在詩人朋友的建議下，我決定出這本選集時，首先便想用「千曲無聲」做這本詩選集的名字，經再考慮後，就覺得用這做詩集的名字，有其盲點，因爲倘是「

千曲」——根據一般的常識和邏輯來說，豈會「無聲」？即使單獨的一首詩也有它自己的聲音，不是嗎？這樣遂將集名更動一字，變爲《千曲之聲》了！如此更改後，在讀者的感覺上也許有點誇張；對自己來說倒不失一份激勵和期許，期望自己的創作繼續努力後，更能達到應有的廣度和高度。

《千曲之聲》共選入長短詩一一五首，概略分成上、中、下三集。上集：〈爲尋找一顆星〉，中集：〈看你名字的繁卉〉，下集：〈吟罷苔痕深〉。但因中、下集中包含了幾個組詩在內，如：〈維納麗沙組曲〉爲十二首小詩組成；〈水上詩展〉共四首詩，花藝組曲爲八首，再加上〈夏日組詩〉和〈秋詩六題〉各爲六首，這樣詩的總和是一四六首了。詩是和生命同步的，在我漫長的生命歷程中，可說一直流露著對生命、大自然、人與社會以及種種事物眞摯質樸的關懷，直到現今我仍抱持這樣的信念，那便是：詩在達到了藝術表現技巧的同時，也必須流溢出眞實人性的慧悟與靈思。

而這本選集，就算是我穿越悠長的時間長廊所收藏的一長串履痕和生活的投影吧！

蓉子　一九九五年三月五日

千曲之聲 目次

上集 為尋找一顆星

〇〇三 ·小舟
〇〇四 ·爲尋找一顆星
〇〇五 ·青鳥
〇〇六 ·晨的戀歌
〇〇八 ·爲什麼向我索取形像
〇一〇 ·我寧願擁抱大理石的柱石
〇一二 ·寂寞的歌
〇一三 ·笑
〇一四 ·雨
〇一六 ·立足點
〇一八 ·三月
〇二〇 ·夢裏的四月

〇二三·不悉何故？
〇二四·白色的睡
〇二六·紫色裙影
〇二九·湖上·湖上
〇三二·飲的聯想
〇三五·我們踏過一煙朦朧
〇三七·碎鏡
〇三九·亂夢
〇四二·林芙之願
〇四四·七月的南方

中集　看你名字的繁卉

〇五三·看你名字的繁卉
〇五五·榮華
〇五七·氣候
〇五九·傘
〇六一·雖說傘是一庭花樹
〇六二·傘的變奏

〇六四　·一朵青蓮
〇六六　·公保門診之下午
〇六八　·一捲如髮的悲絲
〇七〇　·紫葡萄的死
〇七三　·石榴
〇七四　·只要我們有根
〇七六　·您的名字——獻給祖國的詩
〇七八　·春
〇七九　·我從季節走過
〇八〇　·夏日單調的鼓聲
〇八二　·揮別長長的夏天
〇八四　·薄紫色的秋天
〇八六　·冬日遐想
〇八八　·雪是我底童年
〇九〇　·奇蹟
〇九二　·維納麗沙組曲：
〇九二　維納麗沙

親愛的維納麗沙 〇九二
維納麗沙之超越 〇九三
關於維納麗沙 〇九四
肖像 〇九五
時間 〇九六
重量 〇九七
災難 〇九九
邀 一〇〇
登 一〇一
維納麗沙的世界 一〇二
維納麗沙的星光 一〇三
·我們的城不再飛花 一〇六
·廟堂破碎 一〇八
·裂帛樣的市街 一〇九
·紅塵 一一一
·旱夏之歌 一一五
·心每 一一九

一二一　·旅途
一二四　·水上詩展：
一二四　　眼睛
一二五　　清柔的眸影
一二六　　混濁的眼神
一二九　　冷漠的睛光
一三二　·我無以膜拜
一三四　·在風中，在山裏
一三六　·冷雨·冷雨
一三九　·那些山、水、雲、樹
一四一　·蘭陽平原
一四三　·礁溪的月色
一四五　·到南方澳去
一四七　·五峯瀑布
一四九　·燕子口的佇立
一五一　·金山、金山
一五三　·衆樹歌唱

一五五·阿里山有鳥鳴
一五八·非詩的禮讚
一六〇·海語
一六二·從海上歸來
一六四·海戀
一六六·海無遺跡
一六八·三角形的窗
一七一·夢的荒原

下集 吟罷苔痕深

一八一·當衆生走過
一八二·一種季節的推移
一八四·時間的旋律
一八六·時間列車
一九〇·時間
一九三·兩極的愛
一九七·花藝組曲：
一九七　山就這樣走來

一九八　夏日異端
一九九　吟罷苔痕深
二〇〇　紅男綠女
二〇一　菊和松的圖騰
二〇三　一朵又美又眞的山水仙
二〇四　天堂鳥
二〇五　長夏最後的花藝
二〇八　·藝術家
二一一　·詩
二一三　·未言之門
二一五　·朗誦會
二一七　·我的粧鏡是一隻弓背的貓
二一九　·夏日組詩
二二三　·秋詩六題
二二七　·古典留我
二二九　·橫笛與豎琴的晌午
二三一　·揮別古老的漢城

二三一 ·日本古城印象
二三三 ·哀印度
二三四 ·維尼斯波光
二三七 ·圖騰的回音——觀愛斯基摩人的舞
二三九 ·北美洲的天空
二四一 ·紐約、紐約
二四四 ·奔騰和凝固——寫尼加拉瀑布的兩種風貌
二四六 ·鹽竈下
二四九 ·廟街和玉——兼致女詩人鍾玲
二五二 ·香江海色
二五六 ·夏，在雨中
二五八 ·晚秋的鄉愁
二六〇 ·鄉愁
二六一 ·當時間隔久
二六三 ·回歸田園
二六五 ·一隻鳥飛過
二六七 ·哀天鵝

二六九 ·忙如奔蝗
二七一 ·蟲的世界——蚱蜢的畫像
二七三 ·鬥牛士之歌
二七五 ·駿馬
二七七 ·親愛的老地球
二七九 ·月之初旅
二八一 ·太空葬禮
二八三 ·水仙費辭
二八五 ·愛情已成古老神話
二八九 ·意樓怨
二九六 ·金閣寺

上集　爲尋找一顆星

小舟

劃破茫茫大海的，
不是白晝的太陽，
不是夜晚的星星，
也不是日夜吹著的風。

劃破茫茫大海的，
是一隻生命的小舟……

一九五二年六月

為尋找一顆星

跑遍了荒涼的曠野，
為尋找一顆星。
為尋找一顆星，
跑遍了荒涼的曠野。
找不到那顆星，
找不到那顆星，
癡癡地坐著在河岸邊，
看青螢繞膝飛。
看青螢繞膝飛，
癡癡地坐著在河岸邊。

一九五二年

青鳥

從久遠的年代裡——
　人類就追尋青鳥，
青鳥，你在那裡？

青年人說：
　青鳥在邱比特的箭簇上。
中年人說：
　青鳥伴隨著「瑪門」
老年人說：
　別忘了，青鳥是有著一對
會飛的翅膀啊……

一九五〇年

晨的戀歌

不知道夜鶯何事收斂起牠的歌聲，
　晨星何時退隱——
你輕捷的腳步為何不繫帶銅鈴？
好將我早早從沉睡中喚醒！

讓朝風吹去我濃濃的睡意，
　用我生命的玉杯，
祝飲盡早晨的甜美。

早晨的空間是寬濶而無阻滯，
　緊隨著它歡欣與驕傲的步履，
我要挽起篋筐，
　將大地的彩虹收集！

啊！你輕捷的腳步為何不繫帶銅鈴，
　直等我自己從沉睡中醒來，
晨光已掃盡山嶺。

猛記起你有千百種美麗，
　想仔細看一看你的容顏，
——日已近午
何處再追尋你的蹤影？！

一九五二年

為什麼向我索取形像

為什麼向我索取形像？
　為在你的華冕上，
鑲嵌上一顆紅寶石？
　為在你生命的新頁上，
又寫上幾行？

為什麼向我索取形像？
　如果你有那份真，
我已經鐫刻在你心上；
　若沒有——
我恥於裝飾你的衣裳。
為什麼向我索取形像？

歡笑是我的容貌，
寂寞是我的影子，
白雲是我的蹤跡，
更不必留下別的形像！

一九五〇年十一月

我寧願擁抱大理石的柱石

我寧願擁抱大理石的柱石，
　它冷冷的嚴峻的光輝，
使我心折！

頂立著拱形的大廈而直立著，
　久久地支撐那偉麗的穹窿
不使傾斜。

它不會說諂媚的言語
　也不會說虛謊的話，
夜晚我走過——
　它沒有彎腰向我鞠躬，
一如在白晝。

它肯定「是」，
　否定「非」。
它直立著，
　沉默而靜美。
於是我不禁地
　走去擁抱它，
不顧踏過那些隨風飄搖的小草。

一九五三年

寂寞的歌

走進無垠的沙漠了——
濛濛的黃沙打濕我衣袂，
駱駝的腳步是那樣緩慢啊！
我的心因淒涼而戰慄。

但我催不快跨下的牲口，
須耐牠一步步走盡！

那麼——
讓我點起一支寂寞的歌，
將無垠的沙漠劃破。

一九五二年

笑

最美的是
最真。
啊！
你聰明的，
為甚麼編織你的笑？
笑是自然開放的小紅花，
一經編織——
便揉皺了！

一九五二年四月

雨

雨在落著落著……
像無數纖細的手指在敲打
敲打著高音部的屋簷叢樹
低音部的庭園石階

我聽得出這是一首悲涼的 Melody
如飛離弓弦的箭梭梭的聲音
如紅炭掉落水槽澌澌的聲音
如響亮足音顛躓蹙蹙的聲音
如悲傷冷泉流過潺潺的聲音
如蟲豸啃噬綠葉寂寂的聲音
如秋風吹葉辭樹颯颯的聲音
如寥廓教堂內獨自喃喃的祈禱聲音

雨在落著落著……
像無數纖細的手指在敲打
敲打著高音部的屋簷叢樹
低音部的庭園石階

——曾在《新詩週刊》刊出

立足點

只是一點點
一點點地上坡
一回身——
已是萬巒峯轉

遠處的小草
近處的大樹

遠處的蜂窩
近處的城垣

近處的陸地
遠處的海島

近處的宇宙
遠處的星球
只是一點點
一點點地下坡
猛抬頭——
又是聳天的山巒

——曾發表於《新詩週刊》

三月

雨的三月　半寂靜地帶
貝殼們猶在睡
春色似淡淡的酒
夢、猶未展現
一隻白色天鵝正蜷臥
蜷臥在白色翅被下……
三月是未嫁的小女
一群素約小腰身的雨
偶然——
從屏風後偷窺這世界
竟

怦然心許
唯三月幽夢如煙
有太多待揭的謎
從一室反光的玻璃
縱透明卻甚麼都看不清
那未映的紅袖　未濃的春草
究竟是殘酷的真實？
還是繁花密葉的預期！

一九六一年

夢裏的四月

翠茂的園子
圍繞著這座肅穆的教堂
如海水簇擁著燈柱。

我靜靜地來到裏面，
盞盞乳白色的燈
像我的夢在發光；
還有那彩色的玻璃窗
直窺天國的奧秘。

啊！每當我來到這裏：
童年的回憶一再升起

——多麼親切而滲和著憂情的
愉快記憶啊！
那是我父親的教堂
我們在其中長大

如今是四月花開的日子
濃蔭中有陽光瀰漫，
樹叢中有鳥聲啼唱
空氣裏洋溢著芳香
於是我作了一次抉擇——
等復活節過後
我將在這兒獻上我的盟誓
和愛者去趕一個新的程途！

一九五五年四月

不悉何故？

不悉何故？
光華於正午突然來訪後又隱退。
我只記得朝露未歛前
走過的長長的路。
青青地發黑的山，
藍藍地墨墨的水，
我底窄窄的路蜿蜒其間
不悉通往何處！
您許會驚奇，
驚奇那隱藏的花朵
突然推開了蓓蕾的百葉窗，

滿坡的陽光從山後升起，
寬濶的路如寬濶的流迎向我……
（哦！山已隱遁
小河也遠逝。）

曾幾何時，
如天旱時丟失了水源的水流
我寬濶的路重又變為狹隘，
兩旁密擠的荊叢更時時伸出攔阻的臂，
陽光也急速收斂起黃金的氈袍，
似已厭倦了這短暫的燦美。
於是我又看到了昔日親切的伴侶——
山和山河；
祇是我發覺它們曾經為我而笑的面孔
已經載上了愁容。

一九五七年七月

白色的睡

這是失去預言的日子：
　在憂鬱藍的穹蒼下
我們採摘不到一束金黃
很多很淡的顏色湧升
　很多虛白　很多灰雲　很多迷離
很多季節和收割淵離

　（為煥發陽光遺棄了的
怎能曬乾她濡溼的衣裳？）

像滿園蘭蕊
你禁錮的靈魂
正翕合著一種微睡

一群白色音符之寂靜
——我的憂悒在其中
在紫色花蕊。
儘管鳥聲喧噪　滴瀝如雨　滴落
也喚不醒那睡意
冷冷的時間埋葬了歡美
冷冷的靜睡不再記起陽光的顏彩
鳥聲滴滴如雨　濾過密葉
密葉灑落很多影子
　很多影子　很多萎謝　很多喧嚷
我柔和的心難以承當！

五月是火底眼眸
在喧呶的季節裡
她睫毛的陰影猶濃
有甚深的期待……

一九六〇年

紫色裙影

以旋風的姿
揚起了一片紫
這年代揚起了紫色深怨
那漣漪之幃幕
這深深淺淺不同希望與失望的靜靜動動
以燈暈搖漾著夜色至於七彩

至於七彩
而我所愛的一片紫　如何
為黃鸝所探知
為金銀色的喇叭花所吹送
縱使裙下踝鈴
晚風依然追蹤

而紫色潮水不斷上揚
涉過玻窗
淹沒了早春、淹沒了早春的綠
在仕女們的衣袖
庸俗地騰躍
任意地款舞

此乃我所喜靈魂之莊靜紫
我們深紫羅蘭的裙縠　如此
拖曳著悶鬱的裙浪——
如此地守望在長階　等待在長廊
多一份紅色歡悅　色彩便明悅
多一份藍色沉鬱　容顏遂滯黯

穿上了紫色裙
長得端淑　短得窈窕
當晚風的裙褶愈益擴大

我遂等比例的瘦削
從此僅能穿窄窄的裙裾
裙角凝重　不再飄揚

一九六一年

湖上·湖上

（讓我們為裸裎袒裼的夏
尋一片葉蔭　躲避六月燃燒的雲朵
展露花葉和蓮的香氣）
有一片葉子在飄蕩
有一片雲影在湖上
你動盪在水上
讓我們划湖去　展開層層波瀾
把夏的濃紅滌洗
當我們划近藍色的海洋
濃紅的火焰似玫瑰

燃燒在陸上
讓我們划湖去　去掬冷冽的波光
當夏的火焰熊熊地燃著
靈魂的沃土被擱置著
讓我們急速躲進林蔭　於樹的葱翠年華
遠離玫瑰、玫瑰灼人的火光
甚麼能使你起飲的感覺的
源於翠青的山岡　隱秘之泉
——永勿遠離青青濤光裏的冷涼啊！
暴雨沁涼
夏如盛唐花苑瞬將凋寂
讓我們划湖去　划湖去
聽浪濯輕沙，驅盡了今夏。

明滅的燈花在林中
釀一壺斑爛的星光在湖上
讓我們划開晚風　划盡暮色

因夏不久就要從湖上消褪
如湍急的湖水流過鵝卵石上
——你要急速將水聲把捉
當涼風起自九月的湖水
槳聲如驚雁飛散

飲的聯想

飲於杯　如
飲於井
——飲是不透明的
靈魂有半透明的光
我飲其熱
復飲其冷。
啊！春燈三月
夜寒幕我　　我俯視
從一圈圈年輪洄溯
回歸昔日　從井俯視
千萬里外的故鄉

那凋零時間中的波影水痕
而拱形的時間內
層塔倒垂 愈下愈深
塔頂是鏡 似望 如圓面
——我熟悉的童年映現歡悦
就像藏在瞳仁裏
「你」的倒影……
看拱壁層重 回聲甚遠
那時節——
膀臂太短 每欲飲
需遣長索接我短臂
每從其間撈起滿溢的晶瑩
猶記起那冷然的古意寂靜如雨
如在空谷 未被踐履的雪地

祇要有一絲足音響起
輒被注視

一九六一年春

我們踏過一煙朦朧

我們踏過一煙朦朧
但不是瑩月耀地的花間路

偶然翹首
那光浮在蛛網的層樓
繫所有重量於
一絲懸盪……

無定、枯萎、焦愁
扮以無數鬼臉傾訴
雲的假面正濃
追問的電光裏

是回音被淹沒不聞
在風中

但我相信
我會站立得足夠的久
去看褪去了雲的詭譎假面的
廬山真貌

一九六一年九月

碎 鏡

誰知我們能登陸明天——
明天與明天 是叢生在我們航線上的
一些不知名的島群！

哦！從碎裂的寧靜裡：
有多光散光的投影？有多少煩瑣的分屍！
有多少海在城內、溺斃了顏色和形像？
（從滿罎雜色的雞尾酒
我如何能一掬醇芬！）
總是零 總是負數
總是逆風而行

且不住地死亡
這種持續的死、使我衰弱！

日子是跛腳的
因在不甚透明的夜裡
我不悉你的笑容屬於那一種花卉
我僅知我丟失了　啊！太多
每當風聲走過
就落下很多塵的波影　很多夢的虛幻。

一九六〇年

亂夢

驚見一株水仙
返照於投過石子水面的破碎
沉默非金——
乃幽寂的灰路
或為風捲去的沙塵
我們的蒙古包也會為風捲走
現實是風雪掩蓋的冬天
嘆息寓居在你金色的羨慕裏
我乃一無聲的空白
一孤立在曠野裏的橋
一擱淺了的小舟

有迷失在水天間的那種沮喪！

時間傴迫著
擠我們於無窗的小屋
迷濛的始終不能清晰
明晰的卻是殘缺、謊言和醜惡
社會、社會不讓我們
看它底眼睛

有一尾魚竟日蹀躞在這
不透明空漠的河上
不敢回顧
怕引起一池粼粼苦笑……

所有失敗之允諾
一種殘忍的苦痛
早晨的沁涼為廚房烘焦

剩下正午　剩下夜
剩下離亂頭髮的陰影
一些亂夢

像一千種夢魘　可怕的蒼白的雨
疲憊而不能憩息
而我們的優異對於某些人
尚沒有一枚草莓的價值

夜、戴面罩的回女
夢是欲飛的翅衣，欲蛻化的蛾
久久地被困於沼澤地的泥濘
哦，我將如何？
我將如何涉過
這沉默得如此的深潭！

一九六〇年

林芙之願

阿爾伐
讓我們走吧！
我是倦怠，倦怠了
倦於這喧嚷的荒原

鳥鳴啁噍
我底友人們在呼喚
原屬於林，原屬於湖
原屬於紫色苜蓿田的生命在呼喚！

塵世之聲是不能關閉的
一些猖披的顏色
總是無理地取鬧　在市廛

如果在林中　在孤獨的小山旁
一切都會遙遠
沁冷的湖水會吸盡燥熱和音塵
照出我昔年清新的短髮

阿爾伐
讓我們急起直追吧！
鄉愁濃了
風籟水聲的琴藝久久地荒蕪了！

一九六一年七月

七月的南方

從此向南——
從都市灰冷建築物的陰暗
繞過鳥聲悠長的廻廊
南方喚我！
以一種澄澈的音響
以華美無比的金陽
以青青的豐澤和
它多彩情的名字。

去到南方的柔美
去到那不住召喚我、吸引我的嫵媚——
靈魂的方向從記憶中升起
翠嶺遠映低廻

蔦蘿向南方纏繞
群鳥向南方展翼
一種古老的願望奇異的豐寧
我夢的雨樹郡！

我的小園沉冷已久
長年掩覆於深深啞默
每一扇窗都封鎖著冷寒和岑寂
到晴朗的南方去
七月蔭穠葉密
我鬱鬱的夢魂日夜縈戀
如斯不可企及的豐盈！

讓陽光鋪路　推開這雲濃霧重
讓陽光為我鋪橙紅金黃的羊毛氈直到南方
我便去追蹤、追蹤他暖暖的足跡
去探詢靈魂成熟的豐盈！

綠色乃是一種無比的豐衍
不斷地從它的本質再生出來
又迅速地漾蕩開去……
無限的蒨茂中含蘊著無盡的生命
有些柔媚、有些濃密、有些蒼勁
而自由舒卷的葉子們如密密的雨
正竊竊地低訴南方的豔美

青枝若夢
青枝以夢姿伸向遠方
因茂密而刻刻滴翠……
空氣中正流佈鬱熱的芳馨
小樹盡如花嫁時的衣飾
繁柯因不勝美的負荷而低垂
啊！一片彩色的投影一種無比的光艷以及
隱藏在叢綠深處的歡美

看踴躍葉子的海
光輝金陽的海
對於棲留在灰黯中的心是無比的歡悦
對於習慣於冷漠單調的眼睛乃彩色的盛宴

到處是引蔓的繁縷　喧噪的地丁
紫色桃色的矢車菊
燃燒的薔薇
傾陽的向日葵　金紅鵝黃的美人蕉
而夏正在榴火的艷陽中行進
在鳳凰木熊熊的火焰中燃燒

到光艷的南方去
看顏色們朗笑著　繁英將美呈現：
為淺紅的桃金孃　深紅的太陽花
似軟鐲的牽牛黃　丁香紫　石竹白
綠微紫色的風信子　七彩的剪絨

而百合灑繞層層輕紗
牡丹擁無數華貴意象
一片冶艷繁華

我便用這一叢叢綠　一朵朵紅花燃耀
一季節的光影彩虹
來描摹南方
描繪它悅人的形象

你綠色的蹊徑　一片深色寧靜的覆蔭
你光輝的園子　無比芬風香海
為各種花神所居住的
鳥在光波中划泳
樹在光波中凝定
椰子樹的巨幹靜靜地支撐南方無柱的蒼穹
古老桐的身上現出野獸的紋斑
松果緩緩地跌落在寂謐的苔蘚上

像是幸福的凝滴……

而艷陽熊熊的火燄正點熾
這是宇宙不熄之火
是成熟的豐饒姊妹
使空氣裡溢滿了成熟的香氣——
溢自陽光的金杯；
更用它鮮明的油彩到處塗繪
塗抹在林葉、河水、原野、山嶺
使一切都燦爛燿熠

這是南方美麗的成熟季
七月的門鈴擦得很響亮
光彩迷魅似無數華麗的孔雀羽
陽光用七弦金琴演奏
演奏於綠色發光的草原
如群雀歡噪在南方

——在如染的南方
七月不停地變換它綵色的裙裾
它如虹的笑靨
彤雲與果寶也刻刻在變化
我懨懨的灰衣遂也侵染了南方的繽紛
南方的華麗！

一九六〇年十一月

中集　看你名字的繁卉

看你名字的繁卉

訝異於一粒幽渺落在泥土　垂實成穗
看你名字的繁卉！

倘若你能窺知。

假如你偶然地閒步來此
你就聽見溫柔的風中正充滿
你名字的回音……
從春到夏每一夢魘
都有你名字靜美的回馨
從二月的水仙到川流的六月蓮菱

在綠蔭深處　在丁香垂掛
不為甚麼地芬芳　不為結果
不為甚麼地叮叮噹噹

真的，緣何遍處皆有
你名字叮噹的繁響　在晨與暮
以片片綠葉交互的窸窣
如此閃耀在露珠和星輝之間
如此地走過紫色的繁花！

榮華

那惑人的榮華在霧裏佇足
在霧靄呢喃的層樓
像燈火以笑靨迎人
暈得不可思議
焰火笑醒了寂寞的晴空
克利的彩色雨落著
展放著連串的
好看的形象
綿綿的山岡啊
悠悠的嘆息哪
唯剎那間一朵彩雲

前此是沒有音響的寂寂

出入茫然　穿過霎霴
滿鞋子平凡的崎嶇
以及盛裝後長長的倦怠

今我涉過——
把榮華如長及足踝的韓國裙衣
脫棄在河的彼岸
猶聽見後面急急奔赴的跫音

縱閃光燈與盛會曾經以煊耀
明亮了你的眼睛
而你卻愛站在風走過的地方
懷疑那霧裏的榮華！

氣候

火曜日
彩裙子的夢
你的名字如不脛而走的
風。　在
暮春的北國和
艷麗的南方

這真是荒謬
倘你說：
「我是被偶然的光榮攫住　如
一隻無奈的彩蝶」。
那節日輝煌無比

披一身鮮麗的紅裳　在春與夏
然後回到你的族人中
看蕭條的秋景　聽
秋雨和
秋風

用燃燒的眼神衡量
那光輝
用變形的臉容
測量你所受的寵愛
然後回來
回到你自己的同胞
聽秋雨淅瀝　總不轉睛。

一九六五年

傘

鳥翅初撲
幅幅相連 以蝙蝠弧形的雙翼
連成一個無懈可擊的圓

一把綠色小傘是一頂荷蓋
紅色朝暾 黑色晚雲
各種顏色的傘是載花的樹
而且能夠行走……

一柄頂天
頂著艷陽 頂著雨
頂著單純兒歌的透明音符
自在自適的小小世界

一傘在握　開闔自如

闔則為竿為杖　開則為花為亭

亭中藏一個寧靜的我。

一九七六年

雖說傘是一庭花樹

雖說傘是一庭花樹
開放在充足的雨水和陽光中
傘也是一匠心獨具的美好結構

每一把傘都有其基形
當傘骨與傘骨把臂相扣
沿著弧形的路徑
一齊向中心密集　形成張力和均衡
撐開了傘的形態和功能

為圓的整體　美的輻射
它宜晴宜雨　閃漾著金片或銀線的光
滿月般令人激賞！

一九七六年

傘的變奏

——又名傘的魔術

那傘的魔術師　正如傘
圓通自舞　變化莫測　無中生有

傘如蕈狀雲般廻旋過來　從他雙手
一方遮眼的綢布後面
紫菊與大理花　單瓣的芍藥和紅水蓮
一朵又一朵開放……

怎樣製作？　如何變化？
未見一針一線　確是高明的手藝

叫人難以預期！

詩人有時也像魔術師
能令陳舊的事物脫胎換骨
呈現新貌　叫絕對相反的花式
在一頂傘上同時具現
使各色飄揚的絲巾　聯綴成同樣幅度
剎那間全凝附在同一傘骨上
總合成多彩的傘面
他處理手中材料　像無所不能的神
每一柄傘的出現都帶來驚喜！

一九七六年

一朵青蓮

有一種低低的迴響也成過往　仰瞻
祇有沉寒的星光　照亮天邊
有一朵青蓮　在水之田
在星月之下獨自思吟。

可觀賞的是本體
可傳誦的是芬美　一朵青蓮
有一種月色的朦朧　有一種星沉荷池的古典
越過這兒那兒的潮濕和泥濘而如此馨美！

幽思遼濶　面紗面紗
陌生而不能相望
影中有形　水中有影

一朵靜觀天宇而不事喧嚷的蓮。
紫色向晚 向夕陽的長窗
儘管荷蓋上承滿了水珠 但你從不哭泣
仍舊有蓊鬱的青翠 仍舊有妍婉的紅燄
從澹澹的寒波 擎起。

一九六八年

公保門診之下午

我去那兒等待　一架待修護的機械
白菊花在病懨懨的長廊上
天使般地展靨　在如睡眠的空氣之上……
她用華美的翅翼
拍動此間的沉滯
——殘缺與破損堆積一室待修機體的沉滯。
殘缺與破損堆積一室待修機體的沉滯
使這兒的下午更黃昏；
唯那一盆昂然的葱翠　在此病懨懨的長廊
像南丁格爾的笑撫慰創傷！

我在此　像等待簷滴般等待
無聊地嚼著魷魚的腳
——當高跟鞋擠痛我的腳，
擁擠的人群擠迫著我的心。

擁擠著的人群：
衰弱的心　不完好的肺
割切了的胃與纏綿風濕病的腿
——遠不及機器更耐勞的身體
齊集在此等待修護。

一九六八年四月

一捲如髮的悲絲

多麼軟弱的日子
多麼軟弱的日子
我瞥見：
纏裹在你右臂上的那一抹陰影
一捲如髮的悲絲
一圈密密的憂情
以夜黑地數不清的纏裹
纏繞你
多感的
心。

想起——
這一片陌生 於我們

尚未似果紅橙
那些親愛的人卻已如花睡去
如葉飄然遠引
如光隱熄在永恆之書
不留一字使我們探詢遠方的悲喜
任長長的髮一般的感情的索
不住地起落
來鞭碎我們的心
依然髮一般的迷昧、柔遂而又
糾結的髮一樣的不能梳理——
當死之黑騎士任性地馳騁在灰色大漠上
哦！對他飄忽無定的行止以及
永不預示黑色大氅陰影下底神秘！

一九五九年五月

紫葡萄之死

將一串紫葡萄　拆散
洗淨　盛放在白色深瓷盅中
飯後　從瓷盅中
一顆顆拈來送入口中
那飽滿多汁的顆粒
經常在消逝前流出紫色的汁液
它們如此消失　正像
紅臉膛有血性
人類之逐一消逝——
於未知之時　突然間
被一隻無形的手指攫住

結束了或長或短的一生

當手指沿著瓷盅邊緣
一顆顆拈取命運中的葡萄粒
那遠處的不必竊喜　水流琤琮
不久將同樣感受到
先入我口的那些
葡萄的況味　雖說

輓幛中最正常是
「老成凋謝」　常規中
卻也有逸出的例外　於
偶然　我心血來潮時　從
底面任取一顆放入口中
宛如那夭折的年少

唉！它們全然不悉　這一串葡萄

在離別樹身時　便已預約了死亡

一九八三年十月

石榴

忍受熾灼的夏陽
顯映的不是成熟的甜
而是痛苦的爆裂
啊，石榴滴血
粒粒紅殷……

當立足的園內園外
狂囂著風沙
不斷碎石塵泥的襲擊
無盡損傷
整個藍空向我隱藏。

一九八一年

只要我們有根

在寒冷的冬天　惡劣的氣候裏
翠綠的葉子片片枯萎
正似溫馨的友情一一離去
我親愛的手足　不要傷悲
縱使葉子們都落盡
最後就剩下了我們自己——
那光潔的樹身　仍舊
吾人擁有最真實的存在
——只要我們有根
只要我們有根

縱然沒有一片葉子遮身
仍舊是一株頂天立地的樹

就讓我們調整那立姿
在風雨裏站得更穩
堅忍地度過這凛冽寒冬

是的，只要我們有根
明春　明春來時
我們又會枝繁葉茂　宛如新生

一九七九年

您的名字

——獻給祖國的詩

倘若我底名字不再顯揚　已全然為人們所遺忘
只要您　我祖國的名字遠揚
我寧願加倍地被人忘卻

沒有了您便沒有自己的土壤　沒有家
是無根的孤葉一片　僅有短暫的碧翠
只要您是為人仰望的喬木　縱然
我是不起眼的小葉一片　也分享萬葉千花的歡悅
讓我帶著您特有的芬芳走遍天涯

人家看到了我便讚美您　便舉起了大拇指
當我走過異國市街　您的名字夏雷般震響
那青天白日的光輝緊隨
我便要不顧一切地淌出快樂的淚水

祖國　您是不死的神木　根深千尺土
而您的子民又殷殷將您守護
任何風暴也不能將您拔除
啊，您燦爛的以往　您不停努力的今天
以及您通往無盡的未來……

一九七七年

春

空氣的明鏡中儘是花影
鳥聲的雨點潤澤著樹蔭
樹是一亭嶄新的小屋頂　又濃密又綠
誰用翡翠的方磚　鋪春季的人行道
直鋪到希望的天邊……
江河裏湧動著陽光金黃色的綢衣
似這樣地微笑　似這般地髮式
吹動著春風喜悦的絲巾
花樹芬芳的笑語便瀰漫遍了整座原野

一九七〇年四月

我從季節走過

我從季節走過
聽見它歡悅的微響
而我已不屬於春天，不再。
如此筆直地走過不再回顧
任萬千綠葉向我招喚
繁美盛放在春遲……

走過——
卻不知終點何處？
當美夢在季初塑成未開的蓓蕾
緊鎖古銅色的深心——
只如此筆直走過，難以回顧。

夏日單調的鼓聲

銀錚斷了
歡愉的鈴子都瘖瘂
歡悦的繁花都懨懨
只有原始、單調、重濁的鼓聲
反復沉悶地敲響
於死神約會的午后

午后——
從正午的峯嶺下降
這是迷茫的仲夏
聽一整季綿雷的沉響
為何我純粹的銀鈴仍在鳴奏

奏鳴與季節不合的
各種繁複的憂傷！

就這樣去攀七月的絕頂
啊、山是崎嶇　山是一步一崎嶇
那兒有什麼美夢　在這
仲夏的林蔭流漾？

揮別長長的夏天

夏的腳步就快走出炙熱的沙灘
海水將再舐不到它底腳跟——
夏將這樣揚長而去
從一九八〇年的樹身上剝離

我從不傷懷夏是這樣子離去
只惋惜未見夏繁茂葱翠
陽光空自朗麗
只因涸竭而黯淡　今歲

六十甲子一輪迴
上次乾旱我尚未出生；
這烤焦了的日子讓人難下嚥

麥穗和玫瑰同憔悴

等季節的腳步緩緩轉身
讓涼意的秋將我從煩瑣中提升
——揮去那火焰般的高熱和乾旱
祝明年我們能有一溫和滋澤的夏！

一九八〇年十月

薄紫色的秋天

一任秋吟
有人遠遠地看它雲淡風輕
有人近近地看它早已被夏燒成了枯枝
車過長夏的福隆海岸
海水淡青薄紫
礁岩聳立
我見秋山多嫵媚
暖而不灼的陽光
緩緩地滲出生命內裏的歡悦
而高處是泊淡的雲天

透明中帶紫　何須修飾？
秋意本天成

一九八〇年

冬日遐想

那是穩定的光　而不是貼地而飛的螢
而不是寒冷在高處的星　在爐壁間微笑。

也許一切都將在火光中隱退……
那長長的哀傷　抖落於純粹的火光
正如我從未走過山林的芒刺，
死亡的荒原一樣。

真的、一切都逝了　潛伏的憂愁
陰影和冷夢　都已在火光中融化；
只有薔薇色光燄柔和的點影
偶然地如花枝掠過你的臉

都去了！ 在冬季
在微睡的火中 甚麼都記不起了
甚至我的鳴琴
春日林鳥一樣歌唱過的。
都微睡了 在故鄉歡愉的爐邊
戰爭已經是很久以前的事了——
我也願在溫馨的火光中
把那曾經喧噪的名字忘卻！

一九六三年

雪是我底童年

記憶是木香　當窗垂掛
記憶是流雲像遠海……

霧就這般地纏繞在海上
以白色紗巾的孝服　從你眼瞳
母親　因你世界隕落在明麗初夏
那沉重和悲苦如此壓抑著我底成長
孤寂啊！海洋。

年節是一種漩渦
（倘世界僅如此
我甯有白衣和沉沉的睡眠）
生存是更大的漩渦
想整春的陰霾整夏的暴風

我的另一半是狂野的喧鬧
倘急走的白晝被鴆毒
夜遂成為封閉的孤島
——縱伸長雙臂也不能銜接
而島與島之間是浪花是波濤
使呼吸　使迷茫……
倘冰冷的長廊黯然走近
在節日之大廳
或然地輝煌
我有萬種荒寒
唯這一箭豐美
——雪是我的妹妹　我的鄉愁
我底童年　而此刻
甚麼都不見。

奇蹟

這兒有密林的幽謐　有黑夜
有密密的葉遮蔽了赤裸的樹枝　而且
有星光　上帝的眾燈齊亮。

日光下有一宗奇蹟　似不意的光華
似戀慕　似渴想　於冷風裏漸趨沉寂……
我的每一個秋天：　春天裏的秋天
夏的密葉遮蔽了的秋天　以及
真正就將感知的秋之季節　凋零
凋零　葉子們一片又一片落下　在冷雨裏
顫慄在死亡的面影之中！

這兒有冷風　揮舞在每一個暗夜

刮起無重量的塵埃　暈旋於一種傷悲
一程悠長的痛楚　一種無可挽回的孩童命運
夢常被阻抑　燈常被遮掩
愛從無形象　只有
上帝的眾燈在藍空閃爍　有時
也會為密雲遮蔽。

日光下有一宗奇蹟　有一宗奇蹟
一棵小松樹孤獨地成長　抵抗七倍於它的風雨
一叢珊瑚艷紅於洶湧的海水裏
一面旗燦美地飄揚在沉重似鉛的憂勞之上
就這樣從涸竭的砂丘不斷地掙扎著豐腴與完美
就無人認知你的本體！

維納麗沙組曲

維納麗沙

維納麗沙
你不是一株喧嘩的樹
不需用彩帶裝飾自己，

你靜靜地走著
讓浮動的眼神將你遺落
因你不需在炫耀和烘托裏完成
——你完成自己於無邊的寂靜之中。

親愛的維納麗沙

親愛的維納麗沙

已經是正午了
當日光像滑梯緩緩傾斜……
懷想年少的裙裾　青春的步容
揚起在綠色的國度
在歲月的那邊。

維納麗沙
此刻竟長伴擾攘、喧囂
任歡悅和光華在煩瑣裏剝落！

維納麗沙之超越

美麗的維納麗沙
你有難以止息的憂傷
當「現實」的槍彈一陣掃蕩
哀哉　我們的同伴有多人中彈
　多人受傷多人死亡。

在大批的被「俘虜」之前
死啊、死是可讚美的！
——我底維納麗沙就這般地祈求
孤絕中的勇氣　絕望中的意志。

讓我也能這樣伸出筆直的腿
如在夢中行走的維納麗沙
走出峽谷　躲過現實洶湧的浪濤
逃過機器咬人的利齒
滑過物慾文明傾斜的坡度
——奇蹟似地走向前
走向遙遠的地平線！

關於維納麗沙

關於維納麗沙　一切是隔絕的
那隔絕的島　遙遠的風鈴以及
風沙島上的仙人掌。

像拿破崙被放逐在聖海倫島上
而你竟不為甚麼地被禁錮
鬱戚的靈魂。

被剝盡了所有：
縱使故土，
縱使華年，
縱然友誼，
縱使夢魘。

迢遙地隔著
就像陸地與海
就像東和西　就像命運
就像生和死　維納麗沙。

肖像

過往的維納麗沙

是一朵雛菊　似有若無地金黃
浸溢在晨初醒的清流之中
沒有任何藻飾的原始的渾樸的雛菊。

春天的維納麗沙
是一簇鳳仙花　父親庭園內
多彩變異的鳳仙花　在肅穆的鐘架旁。

而夏日有喧鬧
黃昏有檀香木的氣息
你在雛菊與檀香木之間打著鞦韆
在過往與未來間緩緩地形成自己！

時　間

維納麗沙
時間的水晶有時光耀
它俯身向我　以每一展靨

呼召未來　呼喚花香！

林間空處
茵花織錦
日午猶遠在距離以外
你儘管流連緩步！

我們如何在流水上區刻分秒？
它是一整疋長綢　不用割斷
更不易留下履痕——

所有漫不經心的都將漫不經心而過
唯我們被推拒　被阻撓　被摔落
而時間大踏步向前……
啊、越過！

重量

維納麗沙
這是被燒焦了的上午
藝術的殿堂內充滿了擾攘的步音和喧響
這是可憂慮的白晝與無邊孤寂之夜

你突出於萬頃孤寂之上
岩石　並非溫婉滑行的春水啊！
當甯謐的月從夜的廊廡隱沒
而整幢摩天大樓的複眼都睜開
白晝便充滿了騷動，混亂與無邊的喧嚷

倘交纏的紛煩爬滿高牆
現實的門鈴又不斷被按響
時間和你都瘦削
似黑色的雪折壓著意願的青枝
損傷了你屋宇的華美與莊嚴！

災難

維納麗沙
你將何以凝望？
一片愚頑的雲如此駐足在
你底座像之上
永不更變　也不離去

沉滯的雲塊啊！
哀災難頻仍　風暴裏
任憑投擲　任憑塗污
任憑折裂和損傷　且
無處傾訴。

無匹的名畫都浸漬洪水中
去歲　在佛羅稜斯。

縱然全力修補也修復不了
最初的價值——
在佛羅稜斯　去歲。
啊，那名震遐邇的藝術之都
在水災中！

邀

接受某一種邀約
便是把自己套上一種繩索
開出某一白晝或夜晚的支票
於是那時刻便從你分出
不再屬於你自己
（你共有多少時間的支票
可供自由簽劃？　維納麗沙）
於是那晚或白日

你從平面的日常生活中浮出
像一座雕像 從尚粗糙的
雕座上浮起
任人瞭解 鑑賞或批判
一半正確或全然謬誤地。

靈魂原是抽象的
衹是隔著藝術的絳帳
透露點滴星光。

登

維納麗沙
每一驅策都驅策我 登上
那山崗——
我夢底高崗 也是寒冷。
黛綠偶然泛溢

對我仍然淒寒
山上從不知爐火是如何溫慰 在冬天；
我僅知夏日無限烤灼 暴虐！

維納麗沙的世界

當眾多事物像樹枝一樣地分岔
雜草的林子裏便充滿遺忘
他們眺望你底世界
祇聽見夏雨傾瀉的回響
那絹質煙雲的窗簾 似無骨的輕逸
將你的憂勞遮住
（日午是壯闊的分界嶺 倘你繼續奔赴
有無數待砍伐的荊棘）

祇見盈盈蝶衣舖陳著春日歡悦
不聞百難的河與崎嶇的山嶺　以及
悚然的風景　古簫一樣的靜
古剎鐘聲般冷然
且無人知那寂寞的高度　獨目的深度
以及河流永不出海的困慵
維納麗沙　你就這樣的單騎走向
通過崎嶇　通過自己　通過大寂寞……

維納麗沙的星光

維納麗沙　猶然地在夢裏嘆息吧
你原非冷硬的岩　祇緣身在此山中……
芬郁燦美的春

多形憂勞的夏
日子裝綴在節令的彩盒裏
時而寶石樣發光　時而石塊般瘖啞

夢和現實的雙轡並馳　卻非美好的伴侶
時相抵觸而擊撞　掩沒了季節之晴朗
懼時間昂貴的紙張　一頁頁枯黃於此
瀚海不毛的喧嚷　棲息處
並無綠蔭、水泉與溫柔的回響
沒有人為你添加甚麼　維納麗沙
（縱然一粒芥菜籽的金黃　就會
金黃了你整個夢境）
你自給自足　自我訓練　自我塑造
掙扎著完美與豐腴　從荒涼的夢谷
不毛的砂丘　而在極地

在極地是否有一簇繁花為你留存？

唯晌午我聞到一聲金石鏗然

一顆星在額前放光！

一九六六年十一月至一九六七年元月間

我們的城不再飛花

我們的城不再飛花　在三月
到處蹲踞著那龐然建築物的獸——
沙漠中的司芬克斯　以嘲諷的眼神窺你
而市虎成群地呼嘯
自晨迄暮

自晨迄暮
煤煙的雨　市聲的雷
齒輪與齒輪的齟齬
機器與機器的傾軋
時間片片裂碎　生命刻刻消褪……

入夜，我們的城像一枚有毒的大蜘蛛

張開它閃漾的誘惑的網子
網行人的腳步
網心的寂寞
夜的空無

我常在無夢的夜原上寂坐
看夜底的都市　像
一枚碩大無朋的水鑽扣花
正陳列在委托行的玻璃櫥窗裏
高價待估。

廟堂破碎

廟堂破碎
每一個人都像不倒翁一樣地在案頭搖幌
搖幌著　原始的貪慾
幻變的情愁　野性的嗥吼　以及
薄薄的文明衣綢　如此
惘然且快意地舞擺著　搖滾著　纏扭著
（於灰色的天幕映現愚魯與空濛）
混戰的傀儡般地向四面八方衝撞
無中心信仰　無筆直方向！

裂帛樣的市街

裂帛樣的市街
喧嚷復單調地流淌
獸穿文明的衣衫
招搖過市街
陽光落漠在市場
獸啃噬春天　每一扇玻璃窗外
都有獸的影子
獸猙獰的形像與重重的跫音
把我們青石板長街的寧靜
踢得不見蹤影
看無數大樓劈山岡而聳立

它廣袤的陰影覆蓋了
我原野的薔薇
那高大的屋宇是一種杞憂
而數不清的室窗、門廊、旋梯使路轉折

都市是黧黑的
縱然動用婦女們所有的漂白劑
也不能使它變白
凶訊在每一個角落裏爆炸
慾望在每一罅隙裏滋長

蟻一般的人們無法撞擊龐然的山嶺
只能不住地撞擊他身旁的同伴
日夜追逐追逐著塵沙灰揚的腳步
濁水溪流的洶湧……
燈光們徒然照耀。

紅塵

有一顆瑩淚 有一朵笑靨 有一些色相
有一種撞擊 有一些傷痕

那紅面乃一種誘惑 一謊言 一幻影
那紅裏乃一庭喧囂 一窩紛擾 一片虛妄

我欲沉睡 不染纖塵
（當夢的繁花一朵朵睡去）
醒來猶置在白熱的戰場
紛紜的紅塵……

日子擺成戰陣等我
踐過一串匆遽的蹄音

從月季花上、一群煩瑣嗡然前來
無邊的喧嚷起時，時間的屍體枕籍

星河移轉，空間甚小
所有事物　以沒有一絲兒距離的赤裸直視
一種沒有葉蔭的曝曬　在七月的正午
蟬聲甚煩，紅色的光影使人沉重

啊！日子、我底日子在微雨中哭泣
在吊鐘花之間徘徊
在蒼白的梨與紅紅的太陽花之間、不住地變換臉色
且為你白色霧氣的頭巾纏得這般混沌
碎散了鏤刻著優美夢姿的心……

當氣候那流浪人的腳、在一日夜間
快跑遍了整個緯度
壁上鐘擺遂不停地奔波、如此疲憊地往復

在修補和破碎之間！
為何這樣催迫我　那暑
以一整季向我
因夏大聲喧嚷
驚悸突然飛起
美丰姿的都襤褸了！

一切被推入空虛　以重磅之力
無望的嚴肅　無收穫的夢想　無緩衝的距離
苦修僧以艱困的貧窮噬我
沒有什麼來充溢
沒有溫柔的聲響流過水面　沒有潤澤渾圓露滴
唯空虛如霧　將殘缺溢滿
啊！世界、世界就是如此
永不會太好　但離你甚近——

這痛苦彫像的丰姿我難以改變
雖世人都愛用醉眼看花，看維納斯走下座台
不願視這冷然清醒的痛苦的神

一九六一年十一月

早夏之歌

想生在億萬光年中　像塵芥
而長夏漫漫　高熱蒸騰　蝸牛蹙步
（春不過是一瞥驚鴻！）
而夏之流光如多層面的晶體　複視
這世界
有生之沉重光影落下　落下　沉重

我思　我夢　我在
當生之沉重落下　夢就為歲月的急流所稀釋
這便是夏日時光
穠蔭與艷陽的厚毛氈襯以瘠薄的裏
緊裹住裸裎和貧窮
（腳步　跫音　腳步　跫音）

枯旱的長夏　我每日走過小巷
流光的跫音單調　我每日裏走出小巷
往生活的大街　在辦公室與住屋之間徘徊
卻不是一具可愛的音樂鐘擺　可以為我喚起
晨鳥的清唱　生之遐想或
夢底歡暢

一些蔓藤　無數紛煩
跳不出世界波濤的中心
逃不出車輛喧囂的街心
一切待放的美都在匆忙的車輛下輾碎
伸手觸不到陽明春景　且擱置滿天幻美的霞彩
（春景和霞光都不會為你而稍留停！）
然後猛烈的太陽昇起
花紅如血　爆裂如石榴
神在東方　在驕矜與白熱的光中

流火爍石　流火爍金
紛繁與喧呶交錯
整個長夏是待焚的熱油井……

銅紅的陽光不停地迴旋　在炙熱的風中
反射著刺眼的金黃
啊，我未悉奇艷在六月　我未知夢
正如我未見完美——
在高高低低的海上有很多嘔吐
而夢在海深處卻難以企及！

就這樣我們涉乾旱的河谷
影子將影子踐踏
在崎嶇的山道上各於相扶相攙
在逼人的涸旱中也從未相濡以沫
而扭曲的臉　詭譎的假面
益增大地的荒涼！

從勞碌中走出　滿懷疲乏
水是銀兩　水如瓊漿
所向皆乾旱　除了汗水
有龜裂在土地　有皺紋在心上
有慵困與倦怠在歲月的貓臉之上
啊、此景此情我怎能對秋有所希冀！

一九六九年三月

心每

經過一季長夏　在枯焦的稻草之後
還有我金雀花的夢？
陰翳常至　冷澀的雨
冰凍的音響

時間縱然是一樹厚密的葉子
也會因不停地凋零而稀薄
——你底生意便這樣地萎謝了！

當我把整個的春都抵押給了風暴
那春天遂瘦弱　空盪盪地
沒有花園　沒有花圃
觸目盡是風沙

而且在秋天也不會結果
我真想從你逃離 我命運的主人
經由林中秘徑逃回夢裏的茵島
——那更早的時光
面對未開發的荒蕪
猶有可期待的喜悅！
大江依舊流日夜
看憂鬱染藍了歲月
這世界充滿了嘲弄……

旅途

淡入
　淡出
人——
　就是這般容易過渡
從生的大銀幕。

僅僅一個小點　在
歷史的長卷　以
超音波的速度
用光的速度　飛逝
　或者生命本身便是那光
從人們不經久的臉龐閃過……

匆匆的過程充滿崎嶇
　舞臺上充滿光怪陸離的景象
你——一個小點
　無論是晶瑩水滴
或焦枯砂粒
如何與天地宇宙相周旋？
啊，那淺薄的矜持
那卑微的識見
　須臾躊躇
你便過渡
　今日童稚
明日老耄。
落腳的旅舍　無論好壞
　都不能常駐
問題是——

在匆促的旅途終了
你將回到何處？
是否有一個永遠的地址可以奔赴！

一九八四年八月

水上詩展

眼睛

這是冷冷的眼睛、冷冷無定的
這是冷冷陌生之晴　美麗或醜惡
你不能躲避！

看陰森的林、密翳的睫
緊蹙的眉影憂抑
這是殘酷的真實

來自水
將歸於水的
一朵雲

它輕快時會染上紅粉的笑
鬱悶時它涕淚滂沱
不住地它輪迴、它環遊

我們也有搖籃似的神話在水上、藏於蘆葦
神奇的生命發源在水　竟然長大
如許不同的聲音和笑貌、都是親密的弟兄
一個更廣的生命源於高山長河
長長地流、雖混濁；且不住改轍
長長地流、永不乾涸，永不離斷

也有陰鬱無告的眼光來自四方
也有兇猛赤裸的眼眄來自四角
在夜深，燐的鬼祟眼神閃爍著，閃爍著……

清柔的眸影

泛漾著柔　泛漾著柔

你清冷的圓面
瑩澄的妙目　明靜爽颯復宜人的笑
雲階月地
這般茂密纖細湛藍之姿
緩緩地妳走動
一池幽婉長裙曳地的漣波
（縱有憂鬱的雲影掠過
也掩不盡那銀白色的水塵
晨露之泠泠）
祇為追尋一頭逸失的白兔
我像那孩童迷失在林中
啊！悲劇發生在水上
且隨水擴漾……

混濁的眼神

我們是萬千花汁中的一滴
我們是萬千喧囂中的一點
顏色未全融化
形象未能展開
而頻率之日形擁擠
證券之必須提示

昔年垂柳 以婀娜之姿
等待著一個影子——
那完美永不再現

水上冰初融，一池破碎的飄浮
莽雷震裂了均衡匀淨的藍寶石
——我完整的甯沉
年青的晶瑩跌碎
震裂的是這一代

我們是同時開放的花
風沙是我們的家園
貧瘠是我們的泥土
我們呼嘯在風裏
且隨風低昂……

濁浪濤濤，分不清是泥是土
總是無聊啊！如此單調的動物性
看無數雙腳的輪子正擱淺在慾的泥濘
一個更大的輪子便也緩慢得幾將擱淺

這是一江混濁功利的波濤洶湧
徒然我欲從其中採擷一束芬美
徒然我想尋覓一雙清亮的眼睛
映現自己的影子
你的眼神卻是漠漠的一片混濁。

冷漠的睛光

而潮又升降，雲復去來
在白晝和夜之間
我們不停地穿行——
你可曾聽到過寂寞的人魚的歌唱
這樣遙遠的歌聲
這樣喧騰的海洋
稠藍無有邊沿　千尋下是墨黑的死亡

哦！平靜嫵媚的海
冷酷桀驁的海
牠深淵的藍眼睛有貓的多變的瞳
不停地變幻著晴朗或陰霾　溫柔或粗暴
短暫和永恆

牠常有怒色　千百倍於人類的怒容

這重重疊疊的鼓翼和蹄痕
如一群群憤怒的獅熊連續地縱躍出波濤的林叢
牠底步姿是席捲和潰氾
哦！每以野蠻的鼓湧、憤怒的激盪上升、上升
掀起了迷人的黃沙和毀滅的白浪……

這是牠喧嘩的交響，風暴的交響
直到牠傾洩盡了胸中的忿恨
——那亙古的塊壘
濃紅的不安始化為暗藍的鬱悶！

我們是搖幌在波濤上無知的不安者——
海永不負責我們的命運
祇在牠舒暢時托起我們的小舟
或在烈怒中傾折我們的風帆

牠是高視闊步的　這一海不透明混沌的散漫波浪

以任性和執拗獨步原始的蠻荒
無視於人類一萬隻眼睛的驚懼、徬徨、痛苦或祈求
永恆地拒斥和輕蔑屬於自身以外的一切
牠的眼光是無比地無比的冷漠！

季節開放　季節萎落
在牠冷漠的圓面上
你不是甚麼
——你是一顆皺的小點、一泡沫、一浮蝣
而海恣意、不馴、咆哮如昔——
哦，那無極悠久的無情的海洋！

一九六一年六月

我無以膜拜

你為何不在
夢為何低徊
夢中祇聞一種芳馨
我所見祇一蕊
其餘皆隱斂

夢裏祇有一種聲息
你呼喚的聲音　或是
林葉的窸窣
當微風揚起淡淡塵灰
我心常黝藍
不欲裁新衣　在三月

更無意和浣花競賽
當季候多霧多雨多苔

欲上高樓
你不在那兒
我心遂下墜

欲去殿堂
你不在那兒
我無以膜拜！

在風中，在山裡

你是我凝注的一枝消息
你卻有無數花影　在塞上
令春廻步
每一寸都遙遠　每一秒都遼闊
而且有很多欄柵——
那頻頻躍過高欄的當不顛仆
方寸似水
波輪像月　圈圈擴漾
只有堅硬的岸崖使明燦卻步
倘長夜似晝

永晝有夜的靜謐　尼菴的靜謐
倘一滴晶瑩　自你頰上墜落……

旭日從東方升起　竟落在西天
花卉們一層層展放在季節的旋轉台上
季末的裙影動盪在風裏

唯長夏的洶湧阻我　阻我在山裏
在高高的山間　我如何沿絕壁直下
去看你眼中的海洋？

冷雨·冷雨

季末有冷雨
冷雨在山裏　在清明
花季花殘
山上冷雨
夢裏冷雨　心中冷雨
現代藝術季有冷雨淋漓
冷雨在市廛
冷雨在窗櫺　花季花殘
許多濡溼的靈魂在雨裏嘆息
你綠色的小花傘

不能為我撐開一日晴朗
花不能在毛玻璃上開放
最後一片春天已不能
往山裏去採摘！

穿過冗長的夜色　夜雨
暫且在屋簷下　烤一烤
為雨淋溼了的衣裙
出來時驟過一陣風暴
氣象學上不能預測的暴風

雷聲回響在長廊
雨步追逐著雨步　風嘯過紅樓
令我陰鷙如斯

而冷雨滴落友人眉際
又密密將我封鎖　難以希冀晴朗

阻滯我邀你作客。

一九六六年十月

那些山、水、雲、樹

那些山、水、雲、樹
每以永恒的殊貌或行或止
特別是樹
總是無限寧靜地立著
時以風的翅膀激揚起它們的翅羽
觸及了一種飛翔——
似無數對張開的渴望

它們一齊向山舉目
——燃熠在南方眾樹中的鳳凰木
向山舉目，意欲飛去
飛往山林絕處，因為衹有山的沉穩
無限含蘊與峻高以及

其上果木濃實的垂蔭
那片深蒼的葱翠緊緊吸你引你
於是泉溪汩汩從山流出
昂揚清淺且蜿蜒
繞山繞樹繞著那原野與峯谷
綿密曲折而又逸興遄飛
躍升為雲，降落為水
成為無限輪迴的滋澤
那豐美繁茂舒暢而愉快的存在。

蘭陽平原

——從蘭陽平原這隻初醒的眼睛去探視寶島美麗的丰采

大批的綠迎面而來 從平原
從山崗 層巒疊翠
就不見山底蒼褐 只見
綠色錦緞密密地裹住那
深山 夢谷 更接壤
明淨的藍天。

山在左
海在右
我和山海作壯闊的三人行

穿松濤與波濤的涼風
等你成長　等你成熟
等著你全然成長後的姣好

平原是一望無際的葱翠
稻田是整塊潤澤的綠玉鋪就
且鑲嵌大片純金色的陽光
風起時便湧起可愛的翠浪……

看深青色的海水這般森冷
縱然岩石們日日觀望
也看不透太平洋的深和廣！

在山和海之間的蘭陽平原
依然是純樸清新的早晨
再過去　是蘇花公路疊起的高潮
以及光輝炙人的正午。

一九六七年九月

礁溪的月色

礁溪的月色好　誰看？
當如水的月色　從藍天的湖沼溢出
光潤了林叢的黑髮
濡濕了茸茸的草地　復鍍亮了魚躍的池塘
遂渾忘了「吳沙館」外的世界。

我僅知這一方林園的靜謐
隔絕了擾擾的繁華——
似半人半神間的一方空曠。
今夜我們可從容地掬起這薄薄的月光
更傾聽夜以萬種寂靜過此園林……
而月暈如你微笑的渦

「明天將有風」她們說
驀然回首　如霧起處　林葉的百褶裙裏
正藏著詭譎的精靈；
如風起時　便閃動顫慄的幽影。
而園林外有稀落的木屐
正敲響這冷寂小鎮的長街
如夜半柝聲　在山海的那邊
倘星光如鑲鑽的髮網移轉
我們將浴冷冽的月光　而非溫暖的泉水。

一九六七年九月

到南方澳去

到南方澳去
看陽光的金羽翺翔在碧波上
有活潑的銀鱗深藏在水中央……

到南方澳去
穿過原野耀目的水彩畫
經過半睡眠的山崗
去探初醒的海洋
去訪鯖魚與鰹魚族的家！

到南方澳去
那漁船兒蝟集的港
那紅色的黃色的綠色的漁舟啊

小巧的腰身　小小的樓（註）
小小的希望　小小的歡笑。

藍的天　白的雲　鹹味的空氣和海
波濤是風的足跡
老漁人的臉是歲月的雕塑　在深青色的海上
勤勞　流汗　向養育他們的大海索取食糧
——那永不枯竭的海的寶藏！

註：在南方澳的漁船。多有小小的層樓。

一九六七年九月

五峯瀑布

仰看飛泉　可望而不可即
從觸天的高處　一躍而下　作三級跳
然後嘩嘩地奔入幽壑
似千古輪廻之秘　再化雲變雨

匆匆一瞥那飛瀑　於蘭陽山水的幽隱處
短暫？　永恒？
它依然從山嶺飛躍　馳雪般地奔赴於雪原
——依然像頑皮的年少

而我們卻驅車離去
也許那初晤便是永訣
因我們到底不是林棲者

——是萬丈紅塵中偷閒的過客

小記：五峯瀑布位礁溪郊外的五峯山上，來臺十餘年我還是第一次看到它。而那天爲了時間所限，只在山麓仰望了一下，未及登臨仔細觀賞。五峯瀑布雖不及臺北近郊的烏來瀑布那樣聞名遐邇，其實它比烏來瀑布更壯觀，只是未經人工好好地加以整理和開發！

一九六七年十月

燕子口的佇立

那兒有風　來自
插壁的雲天和下臨無地的深淵
剪紙的燕子往復飛翔　無分春夏

啊，唯身經百戰的戰士是英雄
唯英雄們的手能執起這樣的鬼斧
鑿出這樣的神工！

用豪華的大理石為澗水鋪路
那圖騰便是河流過時的足跡斑斕
我們的路穿行藍天與無地之間
如神族們的步姿……

而這刻岩上谷旁植滿了各國移來的植物（註）
正用不同語言的花朵和百種聲音
驚嘆這兒的神秀——
於是我也分享了祖國河山的榮光

註：一九七〇六月十五至十九日，第三屆亞洲作家會議在我國召開，到有中、越、韓、菲、日、泰、印度、伊朗、印尼、新加坡、馬來西亞、澳、紐等國代表共百餘人，十八日全體代表應邀飛赴花蓮、太魯閣遊覽，曾在燕子口下車佇立觀賞良久，對此間景色以及榮民們的豐功偉蹟驚贊不已。

一九七一年三月

金山·金山

——青春的島嶼

金黃湧向海岸
葱翠升起山岡
滿盈的藍滴下
海遂將天拉成了它的另一半
那兒便為永艷的陽光塑成一座青春的島

凡年輕的心都嚮往那兒的綠水藍天
橋畔曲欄　臨海高臺
處處都飛翔著快樂的精靈
那掩映在松林裏如童話般的小屋
更是無恒產如我這般作者的夢靨

笑聲嘩啦啦地成千波萬浪
飽風的帆孕整個海歸來
使落日潛泳成次日的晨曦
使夜晚有營火的繁花開放
更升起和星光比美

一九七二年三月

衆樹歌唱

——記溪頭臺大實驗林

思最初　一切尚未形成
未綠未茂——
唯無著的洪荒瀰漫……

此刻這兒沙沙著都是杉檜的名字
衆多如流水的名字——
它們舉起了煥然的光華
鋪陳著深沉與寧靜
形成無邊的仰望

仰望　更勝斧斤之姿　挺立
以成行成叢成片的井然

一齊指向天空——
為這眾多意象協力的高舉
天空遂壯濶起來

杉林彩檜
雲的白髮緩緩地掠過樹梢　念及過程
眾樹歌唱。

阿里山有鳥鳴

阿里山有鳥鳴 鳥鳴深山裏
飛來從乳紅色的晨霧裏
飛進那片濃密似永恒的蒼翠
鳥引頸長鳴 歌嘹亮清冽
劃破林子迷人的霧靄
就像一道閃電
原始的森林瀰漫著不可觸知的神秘
葉蔭如深水綿密 我們置身其間
如從湖底仰看那難以企及的翠宇
古木巨幹 遮掩了如畫的藍天

這兒巨人族的長老們子孫繁衍
居處佈滿了整座岡嶺

扁柏的弟兄　紅檜的姊妹　松杉的宗親
具享彭祖的高齡　百歲而死猶算夭折
人類的古稀還似它們的童稚

不停地它們長高長大　立腳豐實的大地
枝幹挺直茁壯　遠超出我們的仰望
不因年邁而減其眉鬚蒼翠

時光在那兒緩慢下來幾至停滯
松樹靜立著看風景　千年就如我們的一天
因為它們安土重遷　從不流浪　永無鄉愁

看濃蔭織密了它們的空防
昨夜流亡的星辰無隙進入它們的領地

今早火熱的太陽也衹能在樹梢上徘徊

雲嵐湧動　氣象萬千
春來時泉水歌唱　蜂蝶飛舞
四重與吉野櫻滿山滿谷（註）

人們跋涉長途　攀百丈崎嶇
為探山和森林的秘密　而嵐迷津渡
終無法看清彼等真容

櫻花凋落於楚楚的瞬息
鳥在有限的空間飛鳴　唯松柏傲立
一切聲音都在林間寂默　形成那不能觸知的奧秘

註：四重櫻，吉野櫻皆阿里山盛開的櫻花品名。

非詩的禮讚

一

當我們走過煙雲
才知道山水無垠；
當我們踏響山河之美
自己也成為其中美麗的一點。

二

仰首插壁的雲天
在剪紙飛翔的燕子口，
啊，曾經為它們而歌
驚嘆那兒的神秀。

三

一條路蜿蜒在峻嶺高山，
一片美景展開在路中間，
——曾經為他們而歌
我歌那鬼斧神工的手！

四

林木真美　清歌宛轉
連最好的詩人也比不上它們的丰姿。
四時鮮果從荊棘中長出
荒山野叢從此變成了伊甸園！

註：上月參加行政院新聞局邀組的「作家經建訪問團」，與一干文友，先赴花蓮，參觀輔導會大理石工廠，次日穿越中部橫貫公路，曾在燕子口停留，並訪問位於梨山山頂的福壽山農場。一路上飽飫風景人情之美，以及榮民弟兄們胼手胝足參與國家經濟建設的貢獻，衷心感佩不已。

歸來後，謹以「非詩的禮讚」一束，作爲我粗淺的獻禮。

一九八二年十一月

海語

你聽見晚風和波濤的對語？
在藍寶石的海洋
紛陳的百合蕊中：
話雲的飛揚　星的亮滅
雨的繁英；
訪魚的睡姿　貝殼的夢囈
和你孤獨時的足音。
而潮汐升降　星沉月晦
話暴風雨時節
海燕的勇敢和悽愴

夜語在二月的深海
珊瑚在海底摒息
松風在岸邊假寐
你聽見他們的對話
是戰爭？還是玫瑰！

一九六二年初春

從海上歸來

從海上歸來
我有太多的珍貝欲數：

從海上歸來
看彤雲　波羽
銀魚　海鷗
都拍擊我的歡悦

希望的藍睛亮起了
珍珠色澤的夢
連續的孤線劃過船舷
海原正盛飾明滅的曇花。

這是一艘陽光的快艇
駛過藍綠的裸裎
從島外歸來。

從島外歸來
像歸自「所羅門王寶藏」
抖落驚險
褪去波濤。

一九六二年

海戀

在大千宇宙中
他有一小千宇宙　在神奇的海洋
在神奇的海洋
他像神　在碧波之上
他叩門無應　在陸地
他叩門而無回響
（城市有複沓的音響）
我曾是過客　在海上
是節日中的嘉賓　在美麗的海洋

陽光在海洋　洗淨沮喪的低氣壓
化為玫瑰重重的流蘇……
淹留在乾旱的陸地
我凡庸而疲憊　在狹隘的城池
啊！在無花朵的城市　怠倦的城市
任綠意凋零至於枯竭
帆檣無聲的廢棄。

一九六二年

海無遺跡

不再有那樣熱鬧的艤集了
節日之會聚
偶然著陸的貝殼又都返回了海水
船舶　永不碰撞
海洋　永無損傷
星光依然照耀在明天
在古典的山岡
當你海航
你不曾加海港以任何毀傷
也沒有共同海損可以計算
此刻唯寂默向岸

海無遺跡。

一九六二年

三角形的窗

一滴晶瑩在我左肩　右邊是煙波浩淼的海
　　　我躺著
躺在流行性感冒的熱風裏　輾轉反側
海灣啊　海灣　不是港
　　　（頭顱沉重得鉛球樣）
我的左肩是雛　我的右面是莽林獅吼
一粒芥菜籽的渺小使人暈眩
而無限的浩漭令人驚恐
哦，你的面容如此遙遠
你的面容似霧，像遙遠的海　像遙遠的海
怎知我躺在熱烘烘的乾草上　遠離家鄉

滴水與深藍色的煩燥啊　母親
枕一枕崎嶇　百面嶙峋
——就寧以全世界換一只小小的溫柔

（但我不能起來行走，在熱風裏行走
否則我就自己去尋索）

我的左肩是一瓣落花，右肩是整幢摩天大樓的蔑笑
小小的三角形的窗映不出你溫婉的關懷的臉容
被禁錮的今天我不能預測明天超越死亡的明天
一滴蜜與飛鳥
　　　　輪的跳躍及煩躁
　　　　　　　　海的危程和壯闊
（唯我繩繫在此　在病中的海灣
不能行走於往昔的海岸）

沒有一隻飛鳥帶來歌聲

一葉與萬籟的俱寂啊！

你的面容似霧 像遙遠的海；
很多的面容走過
但只有一張使你的琴索震響

我的左面是帶寒意的早春
右面是絢爛無邊的橘黃色的長夏
——我是夏日湖上最後的一朵荷花。

夢的荒原

這是誰的坐姿？ 如此美麗的謙遜之姿！
這圓座為誰？ 為妳——
愛與美的女神以及妳永恆的憂悒
就用寬濶的絲帶束我風信子的長髮
在初夏鬱悶的愛琴海上 從泡沫誕生時
因風將我吹送
一粒飄泊的微塵 一枝翠色的芰荷
如此地嚮往陸地
便是悲劇！
她坐著在此
永恆的靜姿在此 永恆的寧謐留此

當她坐於寂靜的深邃
以莊穆企求和諧

那是海嗎？ 沉鬱的呼喚或是爽颯的笑靨
——海的音響永不令人厭倦
那使人厭倦的定無真正的深度

海是我底故鄉
當它譁然震響
便震起我穠鬱的鄉愁
——我怎能數説我底鄉愁？

異鄉人 異鄉人
異鄉人在此碑坐 在陽光之外
用古典的面影坐於現代
而夢千古凍結
（有夢多惆悵）

我的白衣便是我冷冷的悲劇
深沉的痛苦亦如深沉的愛沒有聲息
（有愛多悽惶）
坐於此 我不像一至尊的神
不似一福澤的妻子
亦非那些自由來去的女僕
——我乃一不享任何權利的
渾然緘默的雕像 在此

在此靜坐
欲坐孵一室寧悅
愛卻回我以喧鬧，以猛厲，以荒謬
我將回他以掩抑不住的深憂
如此、這一切將為誰？
為誰而絢爛？ 為誰而絢麗？

長窗外有青青的麥苗在俯仰
有人收穫滿筐金陽
海舒展它底笑靨 它的白浪
——當所有的美在季節活躍的時候
唯我以固體之姿 在此凍結
如同永恆。

世人每羨我蓮座
不悉我常行走於荊叢
以沒有鞋子托住的跣足……

我是跣足的跣足的阿富羅底
我的額上沒有珠翠
我的耳葉沒有珍飾
——我僅白衣一襲以及
沒有鞋子托住的跣足

倘若我有一雙適足的鞋子
我將借巧匠的慧心　在後幫上
綴滿了百合花的鈴子！
每當我走動時
便因風生響
發出歡悅的叮噹

看我的長髮甚濃
我褐色的長髮太密茂如同憂愁
哦、且濯我髮於忘懷之河
且挽我髮如梳理憂愁
因我已不勝這負荷！

歲月逝去　唯我留步
我纖長的手指不為誰而彈奏
冷冷的煙霧中無有和音
在塵寰有太多的喧鬧

靜坐在此　遂鬱於此
任兀鷹棲息於我斷臂
塵囂掩我光華
我不能變換我坐姿
因我是端淑的神

暝色移至
沒有人為我點燃燈火　愛未曾準備
我常留黝暗

這是一齣未完成甚麼的悲劇
當一切已然如此堅牢地縛住我
我真怕這過重的負荷使我裂碎
而我固有的完美會磨損——
因久久乾旱而風化
或在一次猛烈的震盪中傾跌
如裂帛之驚心——

妳動人微笑遂隱熄於
夢的荒原。

下集　吟罷苔痕深

當眾生走過

大地褐觀音般躺著
只有遠天透露出朦朧的光

風是琴弦
沙痕是誰人走過的腳印無數？

聽，突然間琴音變奏
你熟稔的痕轍已換
於是風又轉調　同樣地
將前代的履痕都抹掉
——當眾生走過。

一九八二年六月

一種季節的推移

初起——
我只知輕快地嬉戲　濯我
素淨的雙足　於
時間清淺的池沼
與池魚游
和翠鳥歌　而
遠山更幽。

待轉身　水已汩汩
在鐘聲與蘆荻中　成為
曲折壯美的江河
涉江而渡　水漸升自踝及膝
已預知年光有漸增的重量

卻不曾經心——

當你是那振翮的鵠！

懷著遠行的意願渡大海

夢就緊隨著

鷗鳥的銀翼旋飛

忍將僅有的親情拋丟

久久也不能回眸——

水已漫過了腰線以上太多

那江清海晏　風雨依舊不停……

苦侯

一九八二年五月

時間的旋律

在時間中有一種節奏
在時間中有一種旋律
——它會重複地出現
太陽升起　太陽落下
冬天走過　春天又來……
「已有的事　後必再有
已行的事　後必再行
日光之下並無新事」
啊　數千年前的哲人（註）
便曾如此說過。

註：指紀元前九五五年，即以色列王位的所羅門王。根據舊約聖經記載，當所羅門王即位之初，

上帝在夢中向他顯現，問他說：「告訴我，你要我賜給你甚麼？」當時年輕的王既不向上天求財富，又不爲自己求長壽，也不求將敵人置於死地；只敬虔地求上帝給他智慧，能夠判斷民情、辨別是非。爲此上帝不但賜給所羅門王空前的大智慧，同時也給了他無比的尊榮富貴；使他的王朝盛極一時，聲名遠播，在位前後歷四十年。

一九八四年

時間列車

當時間列車以全速行進　除了孩童
每一位成人都駭異於它的快速
時間是上天分配給人們的特定旅途
我曾沿著它走過小小歡悅
同樣也走過坎坷

列車迅快飛逝
伴著冷冷鋼鐵滾動的音律
周遭景物以及它們的影子重疊迴旋
時時變換其組合和形貌
如果時間也有冬天

逝水也會結冰
整個宇宙：花鳥　月亮　星辰……
都突然停住　靜止於一點
如一座龐大透明的水晶球
我們便能更清楚地透視這世界
甚至也包括了自己
但時間不息流轉　於匆遽一瞥間
昨天的我和今天的我便交臂而過
而今天也迅速躍過日子的柵欄遠走
時間驟變　無有恒性
倘我離開片刻　轉身回來
草木皆無情
所有景物都改變了原先的臉容
對此人間

從來 我們只具有限的租賃權
租期一到 一切都得交還
好讓出空間給後來者
——那最高權威所規定的法則

因緣際會 或早或晚
吾人都得趕上一班時間的列車前去
公平無私是時間老人至善的美德
不為帝王的權威而多予一分
不因貧苦老弱而少給一秒

當列車這樣轟隆轟隆地前去
時間的枯葉已經堆積成災
——縱他金剛無恙
你又怎能毫髮無傷？

愈來我們愈感到流水湍急
而僅能走在這段被約定的時間裏

快樂或憂愁　忍受或享受
前有不盡的古人　後有不斷的來者
卻無人能走離這嚴密的時間軌道

一九八六年一月

時間

恒變才是那不變　如今已波濤萬頃
它激濺奔騰非自今日始
——從我出生時便如此　奈何
直到昨天　我才怵目驚心

年幼時　不懂時間為何物
不悉其顏色　未知其價值
當一卷人生的卷軸緩緩展開時
我的年光也隨著刻刻短少了

人會長大　花會枯萎
在艱苦成長中的感覺很長
一旦歡悦綻放的時刻卻很短

啊，在變幻的天空那次第消逝的雲朵

曾經一切都在眼前　伸手可及
故鄉和童年並馳在綠蔭的夢裏
時間如潮水洶湧
奪去我親情和不解事的年少

日腳從粗糲中走過
一葉飄離故土　半生動盪憂愁
縱然誠心地呼喚　有一些甚麼
再也喚不回了！

就這樣晨昏日夕　勞苦煩憂
吶喊是一聲鑼　沉鬱是一聲鼓
我祖國的長江大河啊　入耳
一聲聲都是苦難的歎息和哀訴

年代轟然逝去　那一把星光
將才與相才　屬於本世紀初的
世界級巨星　已一顆顆順序
隕落……

只有他一人　依然
健碩　從不疲倦和失望
也從不稍緩他的腳程　在和人類
億萬米的長跑賽中　永遠金牌在握

一九八四年

兩極的愛

清晨

——幼吾幼以及人之幼

他們伴寒涼升起
背景是殘闕的山嶺。
像每一個早晨那樣清新
每一張小臉都值得人愛憐。
稚弱無告的生命也要長大
——如果生命像花卉
我不知青澀的花萼中包裹著
怎樣的花蕊？　這樣的花蕊中
包含著怎樣的容顏？　我僅知

過分的寒冷將減損
他們待放的形象！

給他們滿盈的陽光
給他們澤潤的雨水
給他們一個溫暖的春天
——讓寒冷減為最低
傷害減到最小
這人間將是天國！

黃昏

——老吾老以及人之老

暮靄如煙　在他們眼中
有蒼茫的霧色　澎湃奔流的海水
已不再流經這一角隅……

倘若此刻的您正擁有健康、財富與
如日中天的事業　他們也曾經有過；
他們比我們攀登過更高的山
他們比我們走過更長更遠的路
——每一張佈滿風霜的臉　都是
一部感人的故事書
鐫刻下他們歲月中的悲歡。

當時序進入了冬季　也許他們所要的
只是一個白雪爐火的晚上
一位傾聽他們細訴回憶的同伴
一雙伸向他們的愛的手　攙扶他們
散步在平靜的落日大道上　當夕陽
回歸山谷之前　我們仍得見
那美好壯麗的晚景！

註：「清晨」與「黃昏」原本象徵生命的兩極——幼童和老人的生命形態。它們是一組詩，源於

同一靈感——聯副與「聯合文學」共同舉辦的「暖春之旅」。那是一次極有意義的活動，於同一天分別訪問了育幼院和敬老所，予我感受甚深。人都有幼年，也都要走上老年的路；但對於那天所看到的幼童和老人，似更多了一份寒意，也就更需要我們付出一份同情的關愛。兩首詩是於同一天完成的，報紙因爲版面的緣故，先是於三月十九日刊出了「黃昏」，再在五月六日刊出「清晨」，讓拙作多了一次見報的機會。惜敝帚自珍的我總感到意有未逮，特在此依原先的次序，將這兩首小詩同時刊出，俾讀者得窺這組詩的全貌。

一九八五年

花藝組曲

山就這樣走來

——花藝之一

用蔓藤構思　一樣地疊嶂千噚
那高峻的神奇　那懸盪的迤邐以及
吳楚東南坼的驚險　山就這樣走來。

而鳳梨的果實已死
它們的葉片們都這般堅挺
壓倒秋的銳氣

啊，初朝與黃菊花
祇有玫瑰在輕輕變化

那甜美的情緒在緩緩變化……

我去垂榕樹下盪著鞦韆
記起十歲的童年　此後風中雨裏
而懸崖　絕壁　山，就這樣走來。

夏日異端

——花藝之二

整個的架構是瘦：瘦瘦的葉面
瘦瘦的枝　啊！全綠
唯額際那一抹微紅是真

以山茶花的純
擁白菊花的真
其心似金　已入中年

前方　一群天真的雛菊
正快活地嬉戲在水邊
溢出鄉野的芬芳……

整個的架構是瘦的：
用綠、白、黃的淡雅　加湖水的清涼
構成盛夏欣然被接受的異端！

吟罷苔痕深

——花藝之三

吟罷是苔痕
猶記得那新鮮人　以初睜眸的眼神
發出喜悅的顫慄　在盆的籬笯。

蔓條三根　打一旁岔出
形成漩渦　止於池沼。

業已瀕臨怒放的一刻　而且離開了泥土的故鄉
但菊非水仙　不會臨流弄影……

鐵樹的葉片何以戒懼？　周圍佈滿鐵刺
奈何這般精於防範　壁壘陰森
刺痛了熱誠。

事物都逐漸離開最初的純真　充滿詭異
只有一朵在霧裏藏身的菊
堅持與無情的草地同腐。

紅男綠女

——花藝之四

最原始是紅　在太陽下
最和平是綠　一隻白鷺獨立在田間
最早的匹配　是穴居人的匹配

最庸俗也最真。
後來我們都嫌它土
這紅與綠的單純匹配　遂長久地
從城裏人所使用的器物和衣著上被摒棄。
突然地　這最原始的組合
復活如春筍　鮮潔如火鳳凰的彩羽
成為巴黎香榭大道服裝櫥窗內的寵色
美得令人驚異！

仍是那古老的紅與綠　像祖傳的珠寶
從厚厚的泥土被挖掘出來
靈魂深處遂有一種美便喚醒……

菊和松的圖騰

——花藝之五

又是菊和松的圖騰
兩個半圓形的月亮
上弦與下弦月同時俱現：

在上弦月的月暈裏
松是高人一等的
腳前兩朵紫色的大菊花
第三朵太陽般橙黃

年是燙金鍍銀的 當下弦月暈時
一枝早春的櫻
正置身於金枝玉葉的行列裏
仰視那臨崖的松而泣出紅淚
——為那難以磨滅的距離。

啊！兩個半圓形的花器就像月
合則望 分則朔

——我可以隨意調整那距離
望時同輝　朔時同晦
（那不住胖胖瘦瘦的月亮
都是情緒在變化！）

於是我拿上弦和下弦合成一整體
並賦予「花好月圓」的名稱和祝福
——在寒冷的節慶裏。

一朵又美又真的山水仙

——花藝之六

她是一朵又美又真的山水仙
構築起橙黃色隱隱的夢境
啊，她是陽光又是水
波光瀲灩
是整個花卉社區的重心

青松永不失色
卑微的羊齒因被祝福而繁衍
左鄰右舍是嬌美的玫瑰和百合
她們同飲於一黑色琉璃的池沼
以高低不同的層次　欣然的生意
確定了美與秩序　傳達出動人的大和諧。

天堂鳥

——花藝之七

那綠色的家族
富足而子孫繁衍　在高高山巓
傳千年家聲……
一雙紅羽黃喙碩大無比的天堂鳥
突然從天外飛來　以絕俗的丰姿
點醒了翠柏蒼松　使山林裏

憑添了無數綠色羽化的翅翼。

我不知天堂鳥是否會在此棲息？
當薄霧已瀰漫遍了山岡！

經過一夜松蔭下的憩息
次晨朝日升時
天堂鳥的體態更形碩大
松林翠影已無法再遮蔽它們

一群百日紅的姊妹
正迎著朝陽　去湖畔梳妝
驚見水上有兩朵急速逝去的紅雲
從此那綠色的家族再也不提它們顯赫的家譜。

長夏最後的花藝

——花藝之八

一群太藺穿著在青翠
頂著穗　在此列隊
就像遮掩夏陽的簾子
隱隱地透露簾後的花容和花訊

長柄的劍蘭有一劍到底的亮麗
七彩的扶桑艷美像彩虹
憂鬱的燕子花繞著它們飛翔
還有無數翠青的葉子　如伴奏般搖曳

只是為了太陽的緣故
花朵們才一朵朵撐開她們美麗的小傘
——每一撮陽光都是一叢溫馨的期許
給予甜美和沁涼

於是有撲鼻的芬芳穿簾而來
直到太陽的熱力從水上寖退

喧鬧了一整季的長夏也漸漸沉寂

留下金色的冥思在秋天。

一九七五年九月——一九七七年六月間

藝術家

我們藉著你的翅膀飛翔
升起於一片雲海之上
緩緩地浮過萬重山崗

有時它自己便是那萬重山崗
沒有人知道這山嶽中的高峯和低谷
恰似為萬年積雪掩覆的深山一樣

往往它是廣闊的草原　無邊無際
牧羊人在淺草深水的牧場上
輕輕地點著他的手杖　點著群羊

咳，雲是天際取之不竭的白石哪！

雕鏤了多少人間形象
請讓我知道那雕刻家的名字
難道他不肯留下名字？
他不斷創造又不停摧毀他底傑作
難道他竟如此地無視於永恒？
其實他也是善於用色的畫家
最長於潑墨山水　以及繪
較正午光芒更奇麗的夕陽
你看見白晝和夜在天邊交接的偉象
沿著整個海岸垂落鮮紅茜金的桌巾
——黃昏是被命定了的監交人
於是　他用整瓶墨汁
把殘留的絳紅與金黃一古腦塗沒

我遂拉上窗帘沉入椅座中的睡鄉

一九七七年夏（英倫飛漢堡途中）

詩

從鳥翼到鳥
從風到樹　從影至形
——一顆種子從泥土出生的路徑與變化
我們的繆斯有陽光的顏色
水的豐神　花的芬芳以及
鐘的無際迴響
「伐柯　伐柯　其則不遠」
而盛藻如紙花　規條是冷鏈
倘生命不具　妙諦不與
若我是翼我就是飛翔　是漣漪就是湖水

是波瀾就是海洋
是連續的蹄痕就是路徑

從一點引發作永不中止的跋涉
涉千山萬水　向您展示
無邊的視域與諸多的光影

未言之門

詩是一扇門一開一闔，讓那些看過去的人去想像那片刻間所見者爲何。

——桑德堡

我曾嘆息於
那門一啓一閉之際　偶爾哭泣於
那門一開一闔之間　往往驚心於
那門一匉一訇之時。
那門，　一縫之隙
一飄動的窗帷　一含糊的低語
你如何展佈為寬廣的園林
——你難以窺見一隻豹受傷的全景
每一潮汐之短暫

每一短暫連成永恆的鏈環——
那啓唱初曲的未必能聆知終曲

音符的鴿群如何捕捉？
寂寞的雲影從四方湧起
門外僅見栗殼色的一片
關閉著那永恆的奧秘！

我是未改其性的孩童
時欲窺看門內秘奧
就這樣傾聽且耐心地守候
於那門開闔之際……

一九六九年

朗誦會

當珊瑚艷紅在海中　在湧動的海波
而珊瑚礁蒼白在風裏
我衹為一人而朗誦

當一尾魚跳躍出泠泠的夢境
那冷藍的湖泊　歌溢自心中
我衹為一人而朗誦

啊！很多珊瑚　水珠不能停留
有很多觀賞的林木
我觀賞其形相　我聆聽已久
諸音鏗鏘　流水潺湲

彩虹的絲帶繫住長空
我祇為寂寞的心而朗誦
荒原上有一棵樹 樹陰溶入水中
我行我歌 曳藍色長袍
朗誦向風濤……

我的粧鏡是一隻弓背的貓

我的粧鏡是一隻弓背的貓
不住地變換它底眼瞳
致令我的形像變異如水流

一隻弓背的貓　一隻無語的貓
一隻寂寞的貓　我底粧鏡
睜圓驚異的眼是一鏡不醒的夢
波動在其間的是
時間？　是光輝？　是憂愁？

我的粧鏡是一隻命運的貓
如限制的臉容　鎖我的豐美於
它底單調　我的靜淑

於它底粗糙　步態遂倦慵了
慵困如長夏！

捨棄它有韻律的步履　在此困居
我的粧鏡是一隻蹲居的貓
我的貓是一迷離的夢　無光　無影
也從未正確的反映我形像。

夏日組詩

立夏

夏來了！
夏是一片明媚的綠原
聽，青蛙和草蟲都吟唱起來了
瓜果蔬菜也都甜熟了
陽光快步行進
刻刻展示那光與熱
以期到達全盛的美。

小滿

雨下著……
梅子已經成熟了

池塘和田疇的水也都貫滿了
喜麥穗之飽滿厚實
祈上蒼封閉一切害蟲的口器
當蜂蝶從蕊心升起
生命也當如此美滿豐盈。

芒種

穀物都長出了芒芽
陽光的齒輪轉動不停　佳節已臨
掛艾草　飲雄黃　緬香囊
划那多彩的龍舟啊　我們齊心協力
為找尋一顆沉落的大星
——唯有在真摯的年代裏
正直的詩魂才不再抑鬱！

夏至

夏鳥高飛

麥子真的成熟了
這是陽氣的極致
荔枝也都紅艷如花
蟬在枝頭大聲叫嚷：
這是我們最長的白晝　從明天起
夜夫人會日日增加她裙子的長度。

小暑

今夏怎麼這樣熱？
——小暑倒行大暑令
儘管人們各為己謀
烈日曝曬下的感受總是相若
且為共同城市的水源擔憂
當寄望山中的一片雲而雲不來
竟渴望那潑婦「卡門」（註）
進門來。

大暑

該熱的季節就得忍受熱
秋收時穀物才能堆滿倉廩
古人開軒臥閑敞　我們不敢打開窗
窗外熱塵滾滾　沒有荷露滴清響
幸運有足夠的消閑設備去消暑
而這是渾圓飽滿的夏天哪
夏潮正澎湃……

註：爲今歲來襲的一颱風的名字。

一九八三年

秋詩六題

立秋

涼風起了
寒蟬鳴了
一隻純美的白鷺鷥正輕輕涉水而至
只是頑強的夏還不肯輕易撤退
看雁群從北方飛來
黃菊花是季節裏不凋的太陽
溫熨深心中如水的薄涼。

處暑

該如何處置那隻老虎呢?
猶潛伏在颯颯的秋林中　伺機而動

當虎威不再時　秋也深了——
曾在喧呶的夏天　隔著湍急的河水
嚮往秋日的澄明　只因
春太濃郁　夏太猛厲
每渴望清秋一場驟雨後的涼意！

白露

陰氣漸重
露凝且白
風，觸膚涼的絲綢樣
月，高掛在藍寶石的天上
親情在不可企及的遠方
啊，秋天是全無雜質的水晶構成
就像真摯的淚水一般無顏色。

秋分

就讓我和你平分這美麗的秋色吧
當河水不再氾濫　飛鳥開始築巢
日光從高天直射　正射在赤道之上
均等了兩半球的晝夜　而秋已半
月到中秋分外圓　在桂樹的星空下
人們仿製了無數個月亮
向如洗的長空祈禱「花好月圓人壽」。

寒露

露更濃重
風更冷冽
秋天早就成熟了
那在炎夏曾經流汗撒種的
現在將歡呼收割
你便充分享有了時間的果實
而秋便是那純然幸福之冷泉。

霜降

霜寒露重
秋更蕭索了　對於
不慣於虛飾繁華的人　最宜於此時
返璞歸真
秋原是隱逸者的國土
而從古銅色秋的明鏡裏
是這樣反映出靈魂的深……

一九八三年

古典留我

古典留我　在鄰國
隔著海水留我　在春暮。

那時「香遠池」的一池蓮紅尚未睜眸
鳥聲在漢城各座宮殿庭院內滴落
如密密雨點落在鬼面瓦上
一處處都是回響……

夢在江南　春色千重
柳絮兒滿城飛舞；
夢在北國　漢家陵闕
鷹隼飛渡無雲的高空。

白衣峩冠的老人走過漢城街頭
他靜靜垂釣於千年前的湖泊
在歷史故都的城郊
像從未識廿世紀的喧嚷和干戈

啊、春城煙籠
此處猶可見東方，
昔時明月
淡淡的唐宋。

橫笛與豎琴的晌午

悠悠遠遠的音波　像隔岸擣衣聲
迴響在每一處靜靜的水上
迴響那沉穩的明麗　沁人的古典
撩人的哀愁和蒼涼的寂靜

又一全音階的時刻
橫笛與豎琴的晌午　透過長長的格子窗
看明代宮娥　倭髻垂頸
玉簪珠翠　用纖纖手指撥響：
伽伽的古代　靈鼓的往昔
琵琶的域外——
往昔　往昔是一組單純的編鐘

清朗而明悅
而低低的鼓音響起　急驟的鼓音
廻旋似水波的鼓姿
這般奇異地滲透著、蒸發著　眩耀著
一古老民族的情愁　分不清是悲壯或哀怨
啊、東方恒在　透過窗櫺
在不遠的距離以外！

一九六六年

揮別古老的漢城

曾經古老的漢城　古樸不再
愛穿白衣的漢城如在夢裏——
花飛滿城的五月
雨濕棧道的迢遞　如煙迷離
漸遠漸稀

漸遠漸稀
此去未再見「南山」青翠
當摩天樓春筍般稠起來
稠起來　愁起來
「巨無霸」在大氣中升起……

一九七九年十二月

日本古城印象

都是些木質小樓　踢踢拓拓的木屐敲出節拍
——即使莊嚴的寺院亦不例外　在東洋。
我好喜歡那原始木頭質樸的感覺，
卻不一定欣賞木偶人樣你起我伏不停地鞠躬。

一九八一年六月

哀印度

源遠的恆河水
曾孕生出那偉大的聖哲形象
枯瘦 虔敬
所需（衣服或食物）不多。
奇怪，怎麼滿街都是瘦削削如你的形象
——您底子民苦修在飢餓中
真的，滿街都是您枯瘦的形象
但有幾人擁有如您的靈魂？
當赤腳的兒童或捲髮的女郎
毫無顧忌地向外人伸手索取盧比或美鈔
古印度的薄暮是淒涼的　要到何年何日
妳那身後拖著的貧窮尾巴才能脫落？

一九八五年

維尼斯波光

瘦削的小舟
宛如一群低飛的蚱蜢
漾起　漾起
盪漾起水的波光無數
啊，在奇異的水上
在多民謠的島
在古代的春天
在域外的澤國
一整座維尼斯都坐著
粼粼波光
她坐著在眾水上

在眾水之上寫她的名字輝煌

駕一葉扁舟——
小小的「公渡那」月如勾(註)
穿過那數不盡的拱橋水域……

幾疑那就是江南水鄉
幾疑那就是古代的蚱蜢舟
濃妝淡抹的西子都無憂

一整座維尼斯都坐在水上
而整座城裏都是那水上人家
高聳的塔影　金碧的宮殿
「聖馬可」在迷離的晚風中
渲染出琥珀的光　於古羅馬的黃昏裏
花在兩岸

橋跨河上
多水多花朵的城
多雲彩多虹橋多夢的城
只是左搖右晃　前顧後盼
都不是那江南岸

不是江南
不是玄武　亦非西湖
——不見我熟悉的蓮荷
返回時光隧道　在你輝煌時刻
唯此刻暮色已至　盛景難再
我們走過也不再回頭！

註：公渡那（Gondola）是維尼斯特有的輕舟，兩頭尖尖，船身瘦瘦，船身黑色描金，十分地輕盈美妙，人稱「情人之舟」。

一九八二年

圖騰的回音

——觀愛斯基摩人的舞

愛情是美麗的詠歎
生命是燃燒的木炭
只有在燃燒中
那光和美才絢爛

有人常年舞踊
圍繞著光和愛的火
有人常年蜷縮
在多重的冰寒

(當過分的寒冷令人噤啞，
啊！無歌的鳥　無語的人。)

他們來自邊城
圖騰是愛斯基摩人的詠歎
襟上彩霞　胸前艷陽
急遽地凌越風雪和寒冷

點點的鼓韻　緩緩的跳躍
鳥也悠悠　魚也悠游
溫馴的海豹　善良的民族
這是圖騰的回音　雪原上的清音

一九七六年於美國巴鐵摩爾市

北美洲的天空

果真外國的月亮不比我們的圓；
而山光水色殊異——
我總算能飛起來看世界
（不、開眼界）
——北美洲就在腳下

就這樣我們飛去
向異國天空的廣漠
從一個空港到另一個
追著加速度的朝陽（註）

北美洲攤開像一本大書：
我讀其山嶺的峻高，平原的遼闊

美麗如畫裡的住家 以及
不斷想打破爬升紀錄的摩天大樓
而工業文明老是用它震耳的吼叫
衝擊大鷹高飛的翅膀……

啊，我早就想讀這本書了
（有人的允諾比紙更薄）
直到我工作了四分之一世紀後方讀得起它

因為是雲的遨遊
便採用了風的速度 而不是以
研究生的態度 我讀北美洲。

一九七六年九月

註：由於時差關係。

紐約、紐約

紐約因擁有過多的鋼鐵而寒冷
因承載過重的負荷而麻痺了心臟
物慾文明的旌旗掩天蔽日　一枝獨秀
那摩天大樓的怪獸——
看城內密密集集地都是那灰黑的影子
巨大而無有靈性。

摩天的巨廈不停地擴張　成為
佔領四方孔武的獸群　無人能匹敵的巨無霸
任何人也翻不出牠機械文明的怪掌——
身影就隨摩天樓不斷的升高而沉降　困居深谷
前後左右都是陡峭的絕壁　摩天的高牆
人在絕壁巉巖間吃力地攀爬　向上

而喧囂如瀑布從山岡直瀉
浪和摩天樓一樣高聳 不絕地轟響
直震得人耳聾眼花 歌歇夢斷
當人性的呼喊在機器的喧聲裏沉沒
唯那獸的鼾聲和鼻息高過一切
居民們就在牠巨大的陰影裏流失……

而雄峙的摩天樓是拒絕異鄉人的山岡
以數不清詭譎的複眼覷你
落下重重的雪色和雪意——
每一觀光客的過程是驚悸的過程
異鄉人的眼中充滿了噩夢 不悉友情的燈
點燃在眾廈間那一幢那一層那一扇窗口？

無形的不甯來自那巨物有形的瞪視
它們又全都有鋼鐵的心臟
防震 防火 防濕

竟然滲不進半滴人性的水珠
有拒絕一切的冷漠　你是異地飄浮的塵芥
孤獨而無依傍　當陌生的霜降

而聞名的帝國大廈睥睨群廈
被稱為「天空的大教堂」　光華滿穹蒼
這物質文明的神祇　終提昇不起人們的精神
白晝有霧的魔障　夜吐濃黑的墨汁
紐約　既堂皇又卑下
是觀光客極思一覩也急欲離去的城！

一九七七年七月

奔騰和凝固

——寫尼加拉瀑布的兩種風貌

那獷悍的巨流　走高岡
他豪情萬丈
以一字排開的馬隊列陣　呼嘯而下
響起了萬馬奔騰的怒吼
沉沉轟隆的蹄音回響不絕……

怡人的涼陰軒昂得叫人眩暈
那樣巨幅的素匹掛在山嶺
嘯風動雨　以赫赫裂帛之聲勢

鏗鏗洪鐘底聲喧　抒寫它激越情愫
任怒瀑慾潮連連拍擊著崖岸

拉起了萬丈驚險和死亡在深谷遊戲
而突然　這一切都沉寂下來
皚皚如雪的煙霧凝固
衝濤轉為不動的琉璃　那不舍晝夜的傾瀉
遂在剎那間趺坐成凝冷的山岡
啊，怒威同憩　天寒地慄

這是人間最偉大的凝眸
雄辯滔滔的你竟會噤啞　寂然而無聲息
力與美俱被凍僵　於凌厲的冰霜
那巨大的靜默被雕塑成形
我們便捕捉那珍貴的寂靜！

註：去歲隆冬，北美洲遭遇空前的大寒冷，竟有許多人凍斃；連滾滾不息的尼加拉大瀑布也會冰結，眞是奇景中的奇景哩！

一九七八年

鹽寵下

避開了沙頭角
馳上了鹿頸道
——船灣裏邊
群山之間

我們四個
面對大自然而坐
大自然便用其豐盛的佳肴宴饗我們
紅樹林　綠水　青山　白鷺洲……

正欣賞一群白鷺悠然自得的美麗神態
正凝視一隻白鷺坐禪似的坐在水鏡中
背後有動力機械文明的群獸呼嘯而過

啊，風馳電掣地踩過我們的脊梁！
怎能安心面對這被攪擾的美麗？
在古昔與現代夾縫的危岩
腳下的豐澤已乾涸
我們所面對的不是瀲灩而是泥濘

正擬向更遠的山林撤退
摩托車　小轎車　小巴士……
——所有機械文明的力道
早已搶先將人類的桃源佔領

啊！在世界各處
機械文明的霸業總是不止息地擴張
且一步一趨地直逼田園的心臟
——人類已無處逃避。

註：年前在香港作短暫訪問，發現香港有不少極爲有趣的地名，有些洋化，有些十分市井味；而上述的「鹽竈下」、「船灣」則又極爲鄉土。詩中的「沙頭角」是可通往大陸的禁區，「鹿頸道」則爲一條頗富詩意的羊腸小道。那天，由詩人余光中親自駕車陪我們作了一次新界遊，行程中包括船灣水塘堤上、鹽竈下、落馬洲等著名的風景區，同行的有余夫人咪咪和黃國彬教授。

一九八五年四月

廟街和玉

——兼致女詩人鍾玲

雖然那座廟我不曾入觀 而
整條街對我就像是鼎沸的紅塵
人們在其間鋪陳千百種營生
嘈雜 猖狂 是市井的樂園

某次我曾在附近一家廣東館啖腸粉
好奇地向店家詢問過廟街何處？
他竟回我說：不知道
——事後我方知其心似玉

其人如玉① 細緻精巧
我們終於走過廟街② 於某個白晝

為了廟街盡頭那奇麗的玉市風光
啊！碧玉似海　形質萬千
多少天光雲影無心的著色
多少日月精華有意的凝聚
刻繪成如此堅石的肌理
含蘊著這樣玉潤的美質
曾經懷抱多少故事的悲喜沉埋泥土
歷久遠方重見天日於某種緣會中
成為我底初識　我左臂的腕釧
卻不懂得如何辨識其價值　正如
那奇妙的詩　世人對它
僅具浮雲般的概念　以為
詩只是美詞麗句　以及
潑濕了的感情

「璧不可以禦寒」 亦如
詩人不能靠詩療饑 照舊
有人沉詩 有人迷玉 只有
妳能同時將詩和玉的真偽價值辨識

註① 此處指鍾玲，她不但長於寫詩，對鑑賞古玉亦有獨到處。在香港她曾導遊我們一夥去逛玉市；她對古玉的豐富知識，令玉舖老闆都側目。
註② 廟街爲九龍地區熱鬧的夜市場，外地人去逛，最易遭扒手扒竊。

一九八五年

香江海色

神秘的海　經過
蔚藍如畫海水不斷洗刷衝擊
宛如海市蜃樓從海霧中映現
一個多世紀前的海岬荒村
竟然蛻變為名聞全球的大商港
奔騰著現代的海濤和陽光
自晨迄暮　明珠不停地變幻色澤
夜色來臨　兩岸浮現璀璨的燈火叢林

海是泉源
四通八達的海水養育滋澤著她底生命
矗立在兩岸日益稠密的高樓
凝聚成這座奇異繁富的城

結成了這枚碩大多漿的商業果實
一片自由開放的水域
海上有多采多姿的航程

輕舟如夢輕盪著微波　快艇衝浪
看水翼船捲浪行　更有
十九世紀的帆影飄揚在廿世紀的海面
水上有川流不息的貨櫃與巨艦
每一種船隻都有自己的航程
只有「珍珠舫」巨廈般坐鎮海上
載滿了富商大賈祭五臟廟的水族珍寶
相對那小小「船屋」中勤勞的水上人家

港是富足而且驕傲的母親
頻頻地揮舞她白色的手臂
招呼船隻的遊子來她臂灣暫時憩息
——縱有部分暫時停下了步姿身影

而大多數並不停留　只當經過她身旁時
遠遠地向母親揮一揮手
便又繼續他們遨遊七海的美夢

夜已來臨
海在斜月的窗外　奔騰澎湃
——多少寂寞無人理睬
只有稀朗的漁火點點映照水上水下
然後海像一座黑屏風壁立著
吞盡了所有光和影
我便落入深深夢魘
甚至不敢掀開窗帘看那濃稠深黑的海

斗轉參橫
當雲天的吸墨紙緩緩吸去了墨色
海遂淡褪為一整疋暗花灰綢
啊，世界舞臺上的佈景將換新

當白晝煥然昇起
陽光的碎金灑落在海水之上
也劃破海上的寂靜
眾多船隻又從各方海面凝聚過來
如同人們奮勇地營生！

一九八六年四月

夏，在雨中

縱我心中有雨滴　夏卻茂密　在雨中
每一次雨後更清冷　枝條潤澤而青翠
夏就如此地伸茁枝葉　舖展籐蔓　垂下濃蔭
等待著花季來臨　縱我心中有雨滴

如此茂密的夏的翠枝
一天天迅快地伸長　我多麼渴望晴朗
但每一次雨打紗窗　我心發出預知的回響
就感知青青的繁茂又添加

心形的葉子濶如手掌
鬚籐繾綣　百花垂庇　在我南窗
啊、他們說：夏真該有光耀的晴朗

我也曾如此渴望
但我常有雨滴　在子夜　在心中
那被踩響了的寂寞
係一種純淨的雨的音響——
哦、我的夏在雨中　豐美而悽涼！

晚秋的鄉愁

紫色雛菊簇立在更深色的瓶內
在鏤刻著福與壽字的古老花甕
在異鄉的風裏淒愁

而虛靜落下
在昔日家屋
在遠處山岡

雲淡淡曳過
風輕輕颺過山頭
水悠悠溜走
有琵琶聲的哀怨滴落在水上

看青青的潭水有多冷
十月的寒意有多深　以及
幽壑奔冽的光
有一種可觸及的悲涼

啊！誰說秋天月圓
佳節中儘是殘缺
——每回西風走過
總踩痛我思鄉的弦！

鄉愁

鄉愁永不會衰老
雖然我離家已久

鄉愁和遠遊一起延伸
分離令懷念更長

啊，鄉愁就是童年是記憶也是歷史

一九八一年六月

當時間隔久

當時間隔久　恰似
某種緣絕　縱然
再回到童年熟悉的草場
代代的青草已換
厚厚的時間積塵　早已
模糊了你原始清朗的眼睛
改變了久遠前世界的面容
當時間隔久　宛如
所擁有的感光底片已陳舊
——你曾用心珍藏的
往日山水　兒時家園
不論如何以高科技加洗放大　還似

那暫別桃源的武陵人　再回去
已水遷山移　一切只恍惚依稀

當時間隔久　縱使
再回到土親水親的家園　又有誰
能伴我追尋　啊！因風因雨而
全然流失的年光裏
那逝水的身影！　怎生回憶
如何捕捉　那雁行晴空的美好圖象
——當時間隔久

一九八八年冬

回歸田園

傍湖水的明鏡
幾棟紅磚屋半掩在樹叢
蘆葦搖曳著它風裏的白頭
紅花默默傳香
就讓我把住處安頓在此吧！

藍天白雲
田壠和翠嶺
加上近邊的竹筏茅棚
它們的影子都在水中交融
牛車緩緩地向村外駛去
小舟載天光水色歸來

炊煙　雲一樣升起
家的意義就確定了！

一九八四年

一隻鳥飛過

一隻鳥飛過
七隻鳥都驚恐
想整季長長的夏天
雲緩緩移步的純美
這刻已雲散烟消
一雙鳥飛翔
七十隻都驚慌
驚彼之飛昇
拖曳其翅尾
爭拾著那掉落的翎羽
一棵樹上升

詩人們下降
樹碧綠而挺直
唯詩人下降
詩仍然無價

啊，我所認識的詩人是一蓮烟
是一握閃耀的星
一束無聲引燃的火柴　或
一枚黃橙橙的戒指——
奈世人每為那黃色所惑　辨不清金，銅。

一九七一年十二月

哀天鵝

北十字　北十字已黯
天河上有一隻渡船　已渡或未渡
我曾於彼守候　哀我所見
不是花開　竟是花落！

星光們都繁瑣
星族們何其多
有些明亮如寶石　有些黯淡似沙石。

那一流巨星輝映於鵝尾
美麗的雙星在鵝首　這是天際法則。
塵世的巨星恆欲居鵝頭
總想眾星拱月而它非日非月

——它們原是星群中的兄弟。

倘把塵俗帶進天國
未免污衊了繆斯光燦的裙衣
而美麗的天鵝也呈垂死之姿……

我是藍空一朵百合
雁過秋清　為何吾儕所見多氤氳
北十字星已黯
僅見天琴天鷹座上孤寂的雙星！

忙如奔蝗

忙如奔蝗
吃盡了閒暇

雲，只有輕盈時才亮麗
一沉重便都墜落成惱人的雨

日子拖著日子
盈耳充目全是蜜蜂刷翅的聲響
嗡嗡　嗡嗡
任如何也不能譜成曲調
因為繃緊的琵琶會斷

繃斷的弦索上那兒有歌？

一九七五年

蟲的世界

——蚱蜢的畫像

我在夏的枝頭獨坐
高高地蹺起我的腿　亦
南面王一個。

這刻是盛夏　而
我底王國極其繁昌
真不願用我豐盈的綠色世界
去和人類污染了的世界交換！

他們——
常常要吃煤煙的廢氣　和

同類的悶氣；
我卻享有晶瑩的仙露
常和芬芳愉快的花朵為伴。

一九八三年元月

鬪牛士之歌

一定要刺死那牛
當我們對峙
若非我傷　便是牠亡
兩者之間絕無妥協的餘地

每當檻門打開
牠牴著尖利的雙角衝來
我揚起了手中的紅綢——
我底虛榮和驕傲　在萬千觀眾前

我揚起我虛榮的血綢
一再激怒那盲目只知衝撞的牛
燃紅了牠的憤怒　再舉起手中的長矛

生與死間不容髮！

難道這也是英雄事業？

難道我真比牛還聰明？

當我和一隻牛頻頻對峙　在鬭牛場上

同為萬千觀眾的娛樂！

一九七七年三月

駿馬

無論何時
你的出現
總是一片耀眼的光華
朝暾般升起人們的仰望

一聲嘶吼　盡收原野美景於眼前
你迅疾的蹄音　是躍動的風雲
越過牆籬　穀場　山岡　原野
花朵們便一路欣然地展放過去……

絕非檸檬的淡影
是夏天全體石榴的紅艷
唯人們的眼尚來不及追蹤

你已絕塵而去　天廣地漠
啊，那大世紀的風采
那飛揚地舒暢　而風湧雲動
一出鞘勢必中的
一起步世界便落在身後
馱你的願望於四足不停的奔馳
直到躍馬中原　跑遍了祖國壯麗山河！

一九七八年二月

親愛的老地球

——擬太陽神八號探月之旅

走出了地球
走出我們與我們的始祖
生於此死於此的老地球——
當我們去探月。

這真是奇異的旅途：
當我們走上人類從未走過的軌道
月的軌道　神話中才能想像的軌道！
月亮如被廢置的荒涼海島
像數千年從未有人打掃過的髒海灘。

不見嫦娥的一角彩衣，
不聞吳剛的一聲低嗽。

而看不遠處我們親愛的老地球，
其圓如我們童年玩耍的大皮球。
其上居住著蜂窩蟻穴般的人類，
珍藏著人類龐然的文化和歷史。

於是我開始懷鄉——
懷念那可愛的充滿陽光和色彩的老地球
我們業已超昇　但願還能謫降
重回太空中最美麗的那顆星！

月之初旅

距離是美　那廿五萬哩的隔離
使月享有了千古的美麗和神秘
高懸著無盡的神奇和神話
當地球這古老的世界已經陳舊
人們便開始嚮往　那遠在廿餘萬里外的新娘
羨她不凋的年華　在一沒有風霜侵蝕的世界
啊，當人類開始投他的影子於月球
當阿姆斯壯怯怯地放下那第一步
月色溫柔的美突然被揭去……
於是有人嘆息

嘆天空的神話已滅　月的處女地已被沾染
詩人歌頌的題材已竭

不，我們的歌聲正在開始
當人類的腳步踩響了月宮的寂謐
月與地球的距離還會接近

有一天　當地球上的人來訪月
就好像緊隔壁的小男孩來找
他喜歡的女娃，去另一個星球玩耍一樣！

太空葬禮

那是一種怎樣的葬禮？
起始與終結
開拓與毀滅
竟於剎那間完成

正當希望節節騰飛　向
無窮盡的太空
光華四溢！　驚天動地的一擊
——億萬仰望的臉立刻轉為
哀慼

也有春花或雛菊的臉　正靜待
他們的「太空女教師」　為他們

解開太空的奧秘　竟
突然被蒙上一層死亡的謎面
最傷情　是她六歲稚女蘋果般的臉
日日倚門翹首仰望
望斷雲天　萬里金星今已墜落
高山大海再也拼湊不出媽咪的
形像！

註：一九八六年一月二十八日上午，美國太空梭「挑戰者」號，於發射升空七十五秒鐘後，突然爆炸，機上七名太空人與太空梭同歸於盡。其中包括一位女教師麥考莉芙，爲將她親身經歷傳述給千千萬萬在校學生，激起年輕的一代對太空探索的興趣。惜不幸失事，她和她的伙伴全都化身爲熾灼的火光，慢慢在天空消失。

一九八六年

水仙費辭

可以休矣　綽約水仙
藍水晶多重的明鏡
雖放射出你敏銳的心性
唯昔日天國的容顏不再
——就像「最後的晚餐」　在米蘭
從空空的鏡面走過
行色匆匆　悲情漸濃
刀在水上無痕
黃葉逼著花朵凋零
納蕤色斯直立的身影消瘦
拒絕伊人　拒絕群芳

艷蝶繁花的哄鬧不再
奇妙的雲還在天際變幻
仰望——
只是夢裏的眼神？

啊，都是過程
清絕　孤傲　雲散　風流
日落　影沉……
石階沉默　倘你走過
便成絕響

一九七八年元月

愛情已成古老神話

有些品種的玫瑰　僅以
玫瑰的樣相存在著
不曾播送過甜美與芬芳

有些愛情　只在
春天開那麼一季的花
一到秋天便凋殘了！

您的愛情錯過了清麗的早春
卻一直延續　一直延續
延續到白雪覆蓋墓園的沉冷冬天

（誰說范倫鐵諾是情聖？）

啊，不、除了愛德華溫莎公爵）

愛是難以理喻的 正如詩
他是本世紀初最後一位
被那盲童的金箭射中的人物

邱比得一箭射中了天潢貴胄的他
他一眼看中了身為平民的她
——一生的傳奇與悲歡於焉開始：

不只是高貴地向臣民宣布
不只是毅然地走下了王座——
愛是捨掉了富貴權勢後的寂寞相守

平靜的英吉利海峽為此掀起了巨浪
您以「征服者」後裔傳世的帝王功業
去換取個人煙雨江南的柔情蜜意

突然間　屬於您的帝苑繁花盡落
再無高擎的華蓋為您遮擋光和影
多少諂媚的笑臉轉為冷漠

多少雲霧迷離　多少日月年歲
您成為被整個王室放逐的孤兒
而那平民女子將永為平民。

雖世界急遽地變化
他倆的愛情始終如一　應驗了
我東方人「海枯石爛」的誓言

如今　儷人的肉身已逝　在您
懂事的姪女伊利沙白二世的首肯下
那平民女子終於進入了英國王家墓園
從此永眠在您身邊

完成了您們生死相隨的初願
——不論是王家墓園或平民墓窟
在現實主義浪潮高漲的今天
那樣的事蹟　那樣的年代　那樣的結束
——愛情已成一則古老神話

七十五年六月十一日

意樓怨

小鎮在雨中
雨水殷殷地洗刷著
那為濃濃相思牽纏著的窗櫺
妳已沉睡在時間的逝水　不再醒來
只有這棵楊桃樹　依舊
以不凋的堅持　守護著小小的意樓
覆庇著古昔的花窗
向每位駐足的旅人　細雨
低訴著那悽苦的愛情故事：
我似看見你獨坐妝臺的身影
慶昌古厝的閨樓上
鵝卵形的花窗　嵌映出

一位古典的美人面　纖纖的手指
綽約的丰姿　匹配得好夫婿
女貌郎才　士族門第
成為全盛巷中深情的眷屬

文士們夜夜吟集於
景色宜人的十宜樓頭
煮茶　品酒　論詩
四方名流墨客雲集　忘返流連
書香伴茶香和酒香　不斷地
逸出古典的拱門和月窗
吸引著深巷中過往行人的仰望……

而一箭步之外的街頭　充滿了雜沓的腳步
鱗次櫛比的糧坊、油坊、糖坊……
鎮民們多財善賈　那城鎮的大動脈
波光粼漣的古運河連接著波濤起伏的大海

海水碼頭上頻頻傳來起卸貨物的吆喝聲

這刻日照花正好：
我們的城風光又熱鬧　古典的菊花牆上
楊桃樹的茂綠如簾　輕覆著意樓月窗
愛情的蓓蕾初放　又何須千名晉祿
只願長守這溫馨小樓
不要將日子撕裂——
無奈時運不能永遠停留在今朝

幼年常聽人說唱：
「花無百日紅　人無千日好」
在幸福之晨命運已經埋下不幸的種子
因為愛和美的極致常不能見容於人間今世
利祿的浮雲啊　終將掩蔽皎潔的月明

突然有一種心願和滿潮升起

你說你欲買棹遠赴唐山考功名
——一種不祥感就從那刻開始
「十載寒窗何所為？」你問：
更有家族的榮譽
光大門楣的責任
鄰里親朋族人均曰宜
他的詩朋酒友也一個個舉杯相祝
——我孤獨的小女子一個能說甚麼
啊！文人重名不重利　亦如
商人輕別離
只是大海詭譎難測
唐山似近還遠　怎令我放心得下
卻不能阻你壯志雄心　臨別
你指窗前楊桃樹為誓：「明年楊桃樹
花開時　我就會回來」

太陽升起　太陽落下
每天我數著日子　在大自鳴鐘
準時的滴嗒聲裏　等待你歸期
秋去春回　楊桃樹開遍了紫色花朵
竟無一片雲影捎來你歸訊

此後　日子變得十分苦澀
深夜空巷中　每聞走近又走遠的足音
頻頻戲弄著我等待的癡心
唉，短短的情絲　一輩子都情牽
夏蟬秋聲在在增我惆悵　年復一年
窗前楊桃不爽約地綻紫色的花
結豐碩的果　唯你的誓言成空

好多年月過去了
陽光依舊照耀海上　港口依舊忙碌囂鬧
大船小舟不停地進港　唯你永不泊岸

只剩夜晚月色不停嘲諷的冷光 譏
我在焦灼的等待中憔悴

而你為何不歸？ 已成
永遠沒有謎底的謎面 日日面壁
我已倦於張望 任世界江湖風雨
日子堆積似一堆枯葉 不久
時間的黑潮將一併將我掩沒
——我殘忍的等待才會結束
那時我將用全心滋澤這株楊桃樹
讓它做我有力的見證 在我身後
訴說一位東方女子淒迷的愛情故事

故事已在此結束
港口淤塞 海已遠去
風帆爭飛的運河已成荒煙雜草的溝渠
曾經繁華的古城今何在？

只有這株不服輸的楊桃樹　依舊
枝繁葉茂　在已斑剝的紅磚樓頭
喃喃著女主人無盡的哀怨

註：曾經不止一次去訪古意盎然的鹿港小鎮，最後一次是在雨中。每次總會聽到「意樓」的故事；但都語焉不詳，只知那是一個悽惻的愛情故事。回來後也曾翻閱有關鹿港民俗文物的雜誌或報章記載，也得不到更進一步的情節，不禁要視它爲一則無稽的美麗傳說了；然而，位於鹿港全盛巷中那精巧的「意樓」，別致的「月窗」和窗畔綠意昂然的楊桃樹無一不在眼前，怎能說它是無稽呢？至少在當時封建社會的科舉制度下，必然會發生的最眞實故事——這便是我寫這首詩的動機，是爲記。

一九八五年

金閣寺

空氣何脆薄
金閣何清癯
她傍倚不動山的翠嶺
（背景深濃因松檜）
時時以澄明湖水照她的倩影
啊，也是一朵秀逸自戀的水仙！
看林立的纖柱如金色琴弦
潮音洞的穹頂上有天人合奏的餘音
當蓮沼池的水急切流入鏡湖
映印出整幢金閣玲瓏透剔的形象。

難道她真是那預定的美的凝鑄？
艷陽從天頂鋪敘

冷月在湖心沉潛
夜之黑潮擁住金閣
冬的積雪也會使她暫白頭
啊，和粗糙的人生相比
金閣何巧麗！
當彼挾那襲金衣浴於陽光的火焰
一片紛繁密奢的閃爍令人目眩
煌煌的金閣　凌人的盛氣裏
所有細緻的美皆向我隱藏。
某年某日的下午
我去訪她在雨中
隔著鏡湖池　我和
金閣面面相覷
在激灩波光與參差荇藻間
金閣散發那幽玄的美　神秘的光
霧嵐低飛在鏡湖之上

似隱逸出家人灰色的袈裟
而近在咫尺的金閣　美艷如哀愁
更像一遙遠難以企及的夢……

然而她站立在那兒
金碧輝煌的金閣寺　與
禪宗的鹿苑寺合為一體
在她純淨的美中
是否也有欲望？
偶見西方蓮沼池的水奔流
形成小小的瀑布注入鏡湖
水流閣不移　一切在靜靜的水上運行
就懷疑那金閣是實體？
還是用心構築起來的美麗虛無！
雖然承荷著世紀的風霜
背倚夕佳亭從容的薄暮

看盡了人間過客一批批遠去的身影
正如她看膩了這大庭園中的花開花謝
而這兒的樹木、繁花、青山、綠水
俱為她服役　為她謙卑的侍從
而她外爍的美曾經困惑人們的眼睛
令未修成正果的僧和俗都要心動
因為那不平凡的美具有毀傷的力
如深深銅鐘撞擊。

雖說除美以外
瀰漫在那兒的只有虛空　日居月諸
並無任何經典其中
（曾思閣中如藏經般藏著很多故事的）
是甚麼樣的哀愁融化在金閣的結構中？
唯見變幻不停的雲影波光　徒勞星霜
兀立金閣的尖頂　永遠振翅欲飛的
一隻活過五百八十餘歲的金鳥　孤獨地

仰首昊天　意欲泅泳時間遼闊的海
就像人類意志恒久的詮釋　鳳凰不死。

註：位在日本京都西北隅的金閣寺，爲一座三層樓閣式的古建築。除第一層外，全身飾滿金箔，至爲輝煌奪目。其最上層的尖頂上則高舉著一金銅鑄成的鳳凰。此閣初建於一三九七年，曾於一九五〇爲一少年僧人舉火焚毀，據說是忍受不了她底美。三島由紀夫即據此事跡寫下了他那本小說名著「金閣寺」。焚毀的金閣寺於一九五五年修復。我有幸親見其美，遂成此詩。

一九八二年五月